W0218785

Allegria

Der Autor

Der 1990 verstorbene Osho stammte aus Indien und war eine der bekanntesten spirituellen Persönlichkeiten des vergangenen Jahrhunderts. Er hinterließ eine radikale und unkonventionelle Vision des Menschseins, die heute mehr und mehr Interesse und Anerkennung findet. Das von ihm begründete Meditationszentrum in Poona zieht auch heute noch zehntausende von Besuchern aus aller Welt an. Aus seinen Vorträgen werden immer noch neue Bücher zusammengestellt, die weltweit inzwischen in 47 Sprachen übersetzt wurden.

Osho

Intimität

Vertraue dir selbst und den anderen

Aus dem Englischen übertragen
von Renate Schilling

Ullstein

Besuchen Sie uns im Internet:
www.ullstein-buchverlage.de

Allegria im Ullstein Taschenbuch

Aus dem Englischen übersetzt von Renate Schilling

Die Originalausgabe erschien unter dem Titel
INTIMACY: TRUSTING ONESELF AND THE OTHER
Erschienen bei St. Martin's Griffin, New York, USA

Sämtliche Texte von Osho stammen aus spontan gehaltenen Vorträgen, die überwiegend in Englisch, aber auch in Hindi gehalten, auf Tonband aufgezeichnet und in Schriftform übertragen wurden.

FSC
www.fsc.org
MIX
Papier aus verantwortungsvollen Quellen
FSC® C083411

Ullstein ist ein Verlag der Ullstein Buchverlage GmbH, Berlin.
Neuausgabe
1. Auflage Dezember 2004
5. Auflage 2019
© der deutschsprachigen Ausgabe 2004 by Ullstein Buchverlage GmbH, Berlin
© der deutschsprachigen Ausgabe 2003 by
Wilhelm Heyne Verlag GmbH & Co. KG, München
© 2001 by Osho International Foundation, Switzerland, www.osho.com
All rights reserved.
Umschlaggestaltung: FranklDesign, München
Titelabbildung: Art by Osho, Osho International Foundation
Gesetzt aus der Palatino
Satz: Fotosatz Völkl, Türkenfeld
Druck und Bindearbeiten: CPI books GmbH, Leck
ISBN 978-548-74214-4

Inhalt

Vorwort 7

Die ersten Schritte: Das ABC der Intimität 20
- Beginne dort, wo du gerade bist 20
- Sei authentisch 32
- Höre auf dich selbst 44
- Vertraue dir selbst 46

Intimität mit anderen: die nächsten Schritte 61
- Zeige dich 61
- Das Bedürfnis nach Privatsphäre 64
- Bezogenheit statt Beziehung 74
- Riskiere es, aufrichtig zu sein 78
- Lerne die Sprache der Stille 85

Vier Fallstricke 88
- Die Gewohnheit der Reaktion 88
- Das Bedürfnis nach Sicherheit 93
- Schattenboxen 105
- Falsche Werte 126

Werkzeuge der Transformation 136
- Akzeptiere dich selbst 136
- Sei verwundbar 143
- Sei selbstsüchtig 170
- Eine Meditationstechnik 174

Auf dem Weg zu Intimität:
Fragen und Antworten 184
Über den Autor 218
OSHO® Meditations-Resort™ 220
Weitere Informationen 221

Vorwort

Jeder Mensch hat Angst vor Intimität – wichtig dabei ist die Frage, ob man sich dessen bewusst ist oder nicht. Intimität bedeutet, sich vor einem Fremden zu entblößen – und wir sind alle Fremde füreinander; keiner kennt einen anderen wirklich. Wir sind sogar Fremde für uns selbst, denn wir wissen nicht, wer wir sind.

Intimität bringt uns einem Fremden nahe. Man muss alle Abwehrmechanismen loslassen, nur dann wird Intimität möglich. Und wenn man jede Abwehr, alle Masken fallen lässt, wer weiß, was der Fremde einem dann antun wird! Daher die Angst. Wir alle verbergen tausend Dinge, nicht nur voreinander, sondern sogar vor uns selbst, weil wir von einer kranken Menschheit aufgezogen wurden, mit allen möglichen Formen von Unterdrückung, Verdrängung, Repressionen, Tabus. Und bei einem Fremden – und es spielt keine Rolle, ob man mit diesem Menschen schon 30 oder 40 Jahre zusammenlebt; die Fremdheit verschwindet nie – fühlt es sich sicherer an, eine kleine Abwehr, eine kleine Distanz aufrechtzuerhalten, weil sonst jemand deine Schwäche ausnutzen könnte, deine Zartheit, deine Verletzlichkeit.

Man muss alle Abwehrmechanismen loslassen, nur dann wird Intimität möglich. Wir alle verbergen tausend Dinge, nicht nur voreinander, sondern sogar vor uns selbst.

Jeder Mensch hat Angst vor Intimität.

Das Problem wird noch komplizierter, weil jeder Mensch sich Intimität wünscht. Jeder möchte Intimität, weil er sich sonst allein in diesem Universum fühlt – ohne

Freund, ohne Geliebten, ohne jemanden, dem er vertrauen kann, ohne jemanden, vor dem er all seine Wunden offen legen kann. Und die Wunden können nicht heilen, solange sie nicht offen sichtbar sind. Je mehr man sie verbirgt, desto gefährlicher werden sie. Sie können zu Geschwüren werden.

Intimität ist also einerseits ein essenzielles Bedürfnis, sodass sich jeder danach sehnt. Man möchte, dass der andere sich öffnet, seine Abwehr aufgibt, verwundbar wird, seine Wunden offen legt, seine Masken und seine falsche Persönlichkeit ablegt, nackt und bloß dasteht, so, wie er ist. Und andererseits hat jeder Angst vor Intimität – man möchte mit dem anderen Menschen intim sein, doch man möchte seine eigene Abwehr nicht aufgeben. Das ist ein Konflikt, der zwischen Freunden oder zwischen Liebenden immer wieder auftaucht: Keiner möchte seine Abwehr aufgeben, keiner möchte sich dem anderen in vollkommener Nacktheit, Aufrichtigkeit und Offenheit nähern – doch beide wünschen sich Intimität.

Solange du dich nicht frei machst von dieser Unterdrückung in dir – diese Mitgift deiner Religion, deiner Kultur, deiner Gesellschaft, deiner Eltern, deiner Erziehung –, wirst du niemals in der Lage sein, Intimität mit einem anderen Menschen zu erleben. Und du wirst die Initiative ergreifen müssen.

Nur wenn du keine Hemmungen und unterdrückten Impulse in dir trägst, hast du auch keine Wunden. Wenn du ein einfaches, natürliches Leben gelebt hast, gibt es keine Angst vor Intimität, sondern nur die gewaltige Freude von zwei Flammen, die sich so nahe kommen, dass sie beinahe zu einer einzigen Flamme werden. Und diese Begegnung ist enorm befriedigend und erfüllend. Doch bevor du dich auf Intimität einlassen kannst, musst du dein Haus vollständig reinigen.

Nur ein meditativer Mensch kann Intimität geschehen lassen. Er hat nichts zu verbergen. Alles, was ihm Angst machen könnte, wenn ein anderer es wüsste, hat er selbst losgelassen. In ihm sind nur noch Stille und ein liebendes Herz.

Du musst dich selbst vollkommen annehmen. Wenn du dich selbst nicht vollkommen annehmen kannst, wie könntest du da von einem anderen erwarten, dass er dich annimmt? Doch du bist von allen immer nur verurteilt worden und hast nur dieses eine gelernt: Selbstverurteilung. Du verbirgst es; es ist nichts Schönes, was man anderen zeigen könnte. Du weißt, dass hässliche Dinge in dir verborgen sind, dass üble Dinge in dir verborgen sind, dass Animalisches in dir verborgen ist. Solange du deine Einstellung nicht änderst und dich als ein Tier dieser Welt akzeptierst ...

Das Wort *animalisch* bedeutet nichts Schlechtes. Es bedeutet einfach nur lebendig; es stammt vom lateinischen Wort *anima*. Alles, was lebendig ist, ist animalisch. Doch dem Menschen wurde beigebracht: »Du bist kein Tier; Tiere stehen weit unter dir. Du bist ein menschliches Wesen.« Dir wurde eine falsche Überlegenheit eingeredet. Die Wahrheit ist, dass die Existenz nicht an Überlegenheit und Unterlegenheit glaubt. Für die Existenz ist alles gleichrangig: Bäume, Vögel, Tiere, Menschen. Von der Existenz wird alles vollkommen akzeptiert, wie es ist; es gibt keine Verurteilung.

Die Wahrheit ist, dass die Existenz nicht an Überlegenheit und Unterlegenheit glaubt. Von der Existenz wird alles vollkommen akzeptiert, wie es ist; es gibt keine Verurteilung.

Wenn man seine Sexualität ohne alle Vorbehalte akzeptiert, wenn man akzeptiert, dass der Mensch und jedes

Wesen in dieser Welt zerbrechlich ist, dass das Leben ein sehr dünner Faden ist, der jeden Augenblick reißen kann ... sobald man das akzeptiert und sein falsches Ego losgelassen hat – wie Alexander der Große sein zu wollen oder wie Muhammad Ali, der Allergrößte –, dann versteht man einfach, dass jeder schön ist in seinem einfachen Menschsein und dass jeder Schwächen hat; sie sind Teil der menschlichen Natur, weil wir nicht aus Stahl gemacht sind. Wir haben einen sehr empfindlichen Körper. Unser Lebensbereich liegt zwischen 32 und 44 Grad Celsius, in diesen zwölf Grad spielt sich unser Leben ab. Fällt die Temperatur darunter ab, stirbt man; steigt sie darüber an, stirbt man ebenfalls. Und dasselbe gilt für tausenderlei andere Faktoren in unserem Körper.

Eines unserer grundlegendsten Bedürfnisse ist es, gebraucht zu werden. Doch niemand möchte akzeptieren, dass es so ist, dass es ein grundlegendes Bedürfnis ist, gebraucht zu werden, geliebt zu werden, angenommen zu werden.

Wir leben in solcher Anmaßung, solcher Heuchelei – das ist der Grund, warum Intimität Angst hervorruft. Du bist nicht, was du zu sein scheinst. Dein Äußeres trügt. Nach außen hin scheinst du vielleicht wie ein Heiliger, doch tief im Innern bist du immer noch ein schwacher Mensch mit all seinen Begierden und all seinen Sehnsüchten.

Der erste Schritt ist also, dich selbst vollkommen anzunehmen – trotz all eurer Traditionen, die die ganze Menschheit in den Wahnsinn getrieben haben. Sobald du dich selbst angenommen hast, wie du bist, wird die Angst vor Intimität verschwinden. Du kannst nicht mehr an Achtung verlieren, du kannst nicht mehr an Größe verlieren, du kannst kein Ego mehr verlieren. Du kannst deine Frömmigkeit, deine Heiligkeit nicht mehr verlieren – denn du hast all das selbst fallen lassen. Du bist einfach wie ein kleines Kind, vollkommen unschuldig. Du kannst dich öffnen, weil dein Inneres nicht voller hässlicher unterdrückter Impulse ist, die zu Perversionen geworden sind. Du kannst alles, was du fühlst, authentisch und aufrichtig äußern. Und wenn du bereit bist für Intimität, wirst du auch den anderen zu Intimität ermutigen. Deine Offenheit wird dem anderen helfen, ebenfalls offen zu sein. Deine schlichte Einfachheit wird es dem anderen ermöglichen, ebenfalls Einfachheit, Unschuld, Vertrauen, Liebe und Offenheit zu genießen.

Wenn du bereit bist für Intimität, wirst du auch den anderen zu Intimität ermutigen. Deine Offenheit wird dem anderen helfen, ebenfalls offen zu sein. Deine schlichte Einfachheit wird es dem anderen ermöglichen, ebenfalls Einfachheit, Unschuld, Vertrauen, Liebe und Offenheit zu genießen.

Ihr seid in idiotischen Konzepten gefangen, und eure Angst besteht darin, dass der andere das erkennen könnte, sobald ihr Intimität zulasst. Doch Menschen sind empfindliche Wesen – die empfindlichsten im ganzen Universum. Das menschliche Kind ist das schutzbedürftigste unter allen Tieren. Die Nachkommen anderer Tiere können ohne die Mutter überleben, ohne den Vater, ohne eine Familie. Doch ein menschliches Kind würde sofort sterben. Diese Empfindlichkeit ist also nichts, was zu verurteilen wäre – sie ist vielmehr der höchste Ausdruck des Bewusstseins. Auch eine Rose ist empfindlich; sie ist schließlich kein Stein. Und man braucht sich nicht schlecht zu fühlen, nur weil man eine Rose ist und kein Stein.

Erst wenn zwei Menschen Intimität zulassen können, sind sie füreinander keine Fremden mehr. Und es ist eine wunderbare Erfahrung, festzustellen, dass nicht nur man selbst voller Schwächen ist, sondern auch der andere – vielleicht sogar jeder – voller Schwächen ist. Je höher etwas entwickelt ist, desto schwächer ist es. Die Wurzeln sind stark, doch die Blüte kann nicht so stark sein. Ihre Schönheit beruht darauf, dass sie nicht stark ist. Am Morgen öffnet sie ihre Blütenblätter, um die Sonne zu begrüßen; dann tanzt sie den ganzen Tag über im Wind, im Regen, in der Sonne, und am Abend beginnen die Blütenblätter abzufallen, und sie verwelkt.

Alles, was schön ist, was kostbar ist, ist nur für den Augenblick gemacht. Doch ihr möchtet, dass alles von Dauer ist. Ihr liebt jemanden und versprecht ihm: »Ich werde dich mein ganzes Leben lang lieben.« Und dabei wisst ihr doch ganz genau, dass ihr nicht einmal für den nächsten Tag sicher sein könnt – ihr gebt ein falsches Versprechen. Alles, was ihr wirklich sagen könnt, ist: »Ich liebe dich in diesem Augenblick, und ich werde mich dir vollständig schenken. Über den nächsten Augenblick kann ich nichts sagen. Wie könnte ich etwas versprechen? Vergib mir, aber das ist nicht möglich.«

Doch Liebende versprechen alle möglichen Dinge, die sie nicht halten können. Dann setzt Frustration ein; dann nimmt die Distanz zu; dann tauchen Kampf, Konflikt, Streit auf, und das Leben, das eigentlich glücklicher hätte werden sollen, wird ein einziges, andauerndes Elend.

Wenn dir bewusst wird, dass du Angst hast vor Intimität, kann das zu einer großen Enthüllung und sogar zu einer inneren Revolution für dich werden, wenn du nach innen schaust und anfängst, alles loszulassen, wofür du dich schämst, und deine innere Natur so zu akzeptieren, wie sie ist, nicht, wie sie sein sollte. Ich lehre kein »Sollte«. Alles »Sollte« macht den Menschen nur krank. Man muss den Menschen die Schönheit des Seins vermitteln, die gewaltige Schönheit der Natur. Die Bäume kennen keine

Zehn Gebote, die Vögel kennen keine heiligen Schriften. Nur der Mensch hat sich selbst damit ein Problem geschaffen. Wenn man die eigene Natur verurteilt, wird man gespalten, wird man schizophren.

Und das gilt nicht nur für die gewöhnlichen Menschen, sondern auch für Menschen vom Status eines Sigmund Freud, der doch ganz besonders zum menschlichen Wissen um die Funktionsweise des Verstandes beigetragen hat. Seine Methode war die Psychoanalyse, die einem alles Unbewusste im Innern bewusst machen soll. Und das ist das Geheimnis: Sobald etwas Unbewusstes ins Bewusstsein gebracht wird, löst es sich auf. Man wird klarer, leichter. Wenn das Unbewusste mehr und mehr entlastet wird, wird das Bewusstsein immer weiter. Und in dem Maße, wie der Bereich des Unbewussten abnimmt, vergrößert sich der Bereich des Bewusstseins.

Das ist eine große Wahrheit. Im Osten ist sie seit Jahrtausenden bekannt, doch im Westen hat Sigmund Freud sie entdeckt – ohne etwas über den Osten und dessen Psychologie zu wissen. Es war sein ganz eigener Beitrag. Aber es wird euch vielleicht überraschen zu erfahren, dass er niemals bereit war, sich selbst analysieren zu lassen. Der Begründer der Psychoanalyse ließ sich nie analysieren. Seine Kollegen drängten ihn wieder und wieder: »Du hast uns diese Methode gelehrt, und wir haben uns alle analysieren lassen. Warum willst du dich nicht analysieren lassen?«

Doch er meinte nur: »Vergesst es.« Er hatte zu viel Angst, sich zu entblößen. Er war zu einem großen Genie geworden, und sich zu entblößen hätte ihn wieder auf eine Stufe mit den gewöhnlichen Menschen gebracht. Er trug in sich dieselben Ängste, dieselben Wünsche, dieselben unterdrückten Begierden. Er sprach nie über seine Träume, er ließ sich immer nur von anderen Leuten deren Träume erzählen. Und seine Kollegen waren sehr überrascht darüber – »Es wäre doch ein wertvoller Beitrag, deine Träume zu kennen.« Doch er war niemals bereit, sich auf die Couch zu legen und über seine Träume zu sprechen, denn seine Träume waren so gewöhnlich wie die von allen anderen Leuten auch – und das machte ihm Angst.

Ein Gautama Buddha hätte keine Angst gehabt, sich in Meditation zu begeben – denn das war sein Beitrag, eine besondere Art von Meditation. Und er hätte sich auch vor keiner Psychoanalyse gefürchtet, denn bei einem Menschen, der meditiert, verschwinden nach und nach alle Träume. Am Tag herrscht Stille in seinem Verstand, nicht der übliche Gedankenverkehr. Und in der Nacht schläft er tief und traumlos, denn Träume sind nichts anderes als ungelebte Gedanken, ungelebte Begierden, ungelebte Wünsche des Tages. Sie versuchen sich nun zu erfüllen, wenigstens im Traum.

Es wäre wohl sehr schwierig, einen Mann zu finden, der von seiner eigenen Frau träumt, oder eine Frau, die von ihrem eigenen Mann träumt. Doch es ist vollkommen normal, dass sie von der Frau des Nachbarn oder dem Mann der Nachbarin träumen. Die eigene Frau ist verfügbar; der Ehemann muss nichts unterdrücken, soweit es seine Frau betrifft. Doch die Frau des Nachbarn ist immer schöner, das Gras auf der anderen Seite des Zauns ist immer grüner. Und alles, was nicht erreichbar ist, führt immer zu einem tiefen Verlangen, es zu erwerben, es zu besitzen. Tagsüber ist das nicht möglich, doch wenigstens im Traum ist man frei. Noch keine Regierung konnte dem Menschen die Freiheit zu träumen nehmen.

Das wird aber nicht mehr lange dauern. Bald wird man den Menschen diese Freiheit nehmen, denn es gibt Methoden – sie sind bereits verfügbar –, mit denen man beobachten kann, wann jemand träumt und wann nicht.

Und möglicherweise wird eines Tages eine wissenschaftliche Methode entwickelt, wie man den Traum auf eine Leinwand projizieren kann. Man wird nur ein paar Elektroden in den Kopf des Versuchsobjekts stecken müssen. Der Mann schläft tief und träumt lustvoll vom Sex mit der Frau des Nachbarn, und ein ganzes Kino sieht ihm dabei zu. Und alle dachten immer, dieser Mann sei ein Heiliger!

So viel kann man sogar selbst sehen: Wenn jemand schläft, beobachte ihn einmal; wenn die Augenlider keine Bewegung der Augen dahinter anzeigen, dann träumt der Betreffende nicht. Wenn er träumt, kann man erkennen, dass seine Augen sich bewegen.

Eines Tages wird es vielleicht möglich sein, den Traum auf eine Leinwand zu projizieren. Vielleicht wird es sogar möglich sein, eine bestimmte Art von Träumen zu erzwingen. Doch zumindest bisher spricht noch keine Verfassung davon, dass die Menschen das Recht haben zu träumen, dass es sich dabei um ein unveräußerliches Recht handelt.

Ein Gautama Buddha träumt nicht. Meditation ist eine Methode, über den Verstand hinauszugehen. Er lebt 24 Stunden lang in äußerster Stille – keine Wellen auf dem See seines Bewusstseins, keine Gedanken, keine Träume.

Doch ein Sigmund Freud hat Angst, weil er genau weiß, was er träumt.

Ich habe einmal folgende Anekdote gehört: Drei große russische Schriftsteller – Tschechow, Gorki und Tolstoi – saßen auf einer Bank im Park und unterhielten sich; sie waren gute Freunde. Alle waren Genies, alle schrieben großartige Romane; wenn man die zehn besten Romane der Welt aufzählen möchte, stammen selbst heute noch mindestens fünf davon von den russischen Schriftstellern vor der Revolution.

Tschechow erzählte über die Frauen in seinem Leben,

Gorki schloss sich an und erzählte ebenfalls ein paar Details. Doch Tolstoi blieb stumm. Tolstoi war ein sehr konservativer, strenggläubiger Christ. Es wird euch sicher überraschen zu erfahren, dass Mahatma Gandhi drei Menschen als seine Lehrer bezeichnet hat – und einer davon war Tolstoi.

Und dabei muss er so viel unterdrückt haben. Er war einer der reichsten Männer Russlands – er war ein Mitglied des Adels –, doch er lebte wie ein Bettler, denn »selig sind die Armen, ihrer ist das Himmelreich«, und er war nicht bereit, auf das Himmelreich zu verzichten. Das ist nicht etwa Einfachheit, das ist nicht etwa Wunschlosigkeit – das ist zu viel Wunsch. Das ist zu viel Begierde. Das ist ein zu starker Machtinstinkt. Er opfert dieses Leben und seine Freuden, denn es ist schließlich nur ein kurzes Leben, und dafür kann er dann bis in alle Ewigkeit das Paradies und das Reich Gottes genießen. Das ist ein gutes Geschäft – fast wie eine Lotterie, nur sicherer.

Tolstoi lebte ein sehr asketisches Leben und aß nur vegetarisch. Er war schon fast ein Heiliger! Natürlich müssen seine Träume hässlich gewesen sein, müssen seine Gedanken hässlich gewesen sein. Und als Tschechow und Gorki ihn fragten: »Tolstoi, warum sagst du nichts? Sag doch auch etwas dazu!«, antwortete er: »Ich kann nichts über Frauen sagen. Ich werde erst etwas dazu sagen, wenn ich mit einem Fuß im Grab stehe. Dann werde ich es sagen und gleich darauf ins Grab fallen.«

Man kann verstehen, warum er Angst hatte, etwas zu sagen; es kochte regelrecht in ihm. Mit jemandem wie Tolstoi kann man also nicht sehr intim sein …

Intimität bedeutet einfach, dass die Türen des Herzens offen sind für den anderen; der andere ist willkommen, einzutreten und zu Gast darin zu sein. Doch das ist nur möglich, wenn man ein Herz hat, das nicht nach unterdrückter Sexualität stinkt, das nicht von allen möglichen Perversionen überquillt, ein Herz, das natürlich ist. So natürlich wie die Bäume, so unschuldig wie die Kinder – dann gibt es keine Angst vor Intimität.

Das ist es, was ich versuche: Ich versuche euch zu helfen, euer Unbewusstes zu entlasten, euren Verstand zu entlasten, ganz gewöhnlich zu werden. Es gibt nichts Schöneres, als ganz einfach und gewöhnlich zu sein. Dann kann man so viele vertraute Freunde, so viele vertraute Beziehungen wie möglich haben, weil man vor nichts Angst hat. Man wird zu einem offenen Buch, das jeder lesen kann. Es gibt nichts zu verbergen.

Ein Jagdclub fuhr jedes Jahr zusammen in die Berge von Montana. Alle Mitglieder zogen Strohhalme, um zu entscheiden, wer das Kochen übernehmen sollte, und kamen überein, dass derjenige, der sich als Erster über das Essen beschwerte, automatisch den unglücklichen Koch ersetzen musste.

Als Sanderson nach einigen Tagen klar wurde, dass keiner es riskieren würde, etwas zu sagen, entschloss er sich zu einer verzweifelten Maßnahme. Er machte sich auf die Suche nach Elchscheiße und gab zwei Hand voll davon in den Eintopf, den er am Abend kochte. Nach den ersten paar Bissen verzogen zwar einige das Gesicht, doch keiner sagte etwas. Dann brach plötzlich einer der Männer das Schweigen. »He«, meinte er, »das Zeug schmeckt wie Elchscheiße – aber nicht schlecht!«

Ihr zeigt so viele Gesichter. Im Innern denkt ihr das eine, und nach außen sagt ihr etwas ganz anderes. Ihr seid kein organisches Ganzes.

Entspanne dich und heile die Spaltung, die die Gesellschaft in dir erzeugt hat. Sage nur das, was du auch wirklich meinst. Handle spontan und sorge dich nicht um die Konsequenzen. Das Leben ist kurz, und man sollte es sich nicht verderben, indem man über die Konsequenzen hier oder im Jenseits nachdenkt.

❧

Sage nur das, was du auch wirklich meinst. Das Leben ist kurz, und man sollte es sich nicht verderben, indem man über die Konsequenzen hier oder im Jenseits nachdenkt.

❧

Man sollte total leben, intensiv, voller Freude und wie ein offenes Buch, das jeder lesen kann. Natürlich wird man sich damit keinen Namen in den Geschichtsbüchern machen. Doch was für einen Sinn sollte es haben, sich einen Namen in den Geschichtsbüchern zu machen?

Lebe, statt dir Gedanken darüber zu machen, ob sich jemand an dich erinnern wird. Dann bist du schließlich tot.

Millionen von Menschen haben auf dieser Erde gelebt, und wir wissen nicht einmal ihren Namen. Akzeptiere diese einfache Tatsache – du bist nur ein paar Tage lang hier und dann wieder verschwunden. Diese paar Tage sollte man nicht mit Heuchelei und Angst verschwenden. Diese Tage sollte man feiern.

❧

Millionen von Menschen haben auf dieser Erde gelebt, und wir wissen nicht einmal ihren Namen. Akzeptiere diese einfache Tatsache – du bist nur ein paar Tage lang hier und dann wieder verschwunden. Diese paar Tage sollte man nicht mit Heuchelei und Angst verschwenden.

❧

Niemand weiß etwas über die Zukunft. Euer Himmel und eure Hölle und euer Gott sind höchstwahrscheinlich reine Hypothesen, unbewiesen. Das Einzige, was wirklich in deiner Hand liegt, ist dein eigenes Leben – mach es so reich wie möglich.

Durch Intimität, durch Liebe, indem du dich vielen Menschen öffnest, wirst du reicher. Wenn du mit vielen Menschen in tiefer Liebe leben kannst, in tiefer Freundschaft, in tiefer Intimität, dann hast du richtig gelebt. Und du wirst glücklich sein, wo immer du dich auch befindest, denn du hast die Kunst gelernt.

Wenn du einfach, liebevoll, offen und intim bist, erschaffst du ein Paradies um dich herum. Wenn du verschlossen bist, ständig in der Defensive, immer besorgt, dass jemand deine Gedanken lesen könnte, deine Träume, deine Perversionen, dann lebst du in der Hölle. Die Hölle befindet sich in dir – und ebenso das Paradies. Es sind keine geografischen Orte, es sind geistige Räume.

Reinige dich. Und Meditation ist nichts anderes als eine Reinigung von all dem Schrott, der sich in deinem Verstand angesammelt hat. Wenn der Verstand still ist und das Herz singt, bist du bereit – ohne jede Angst, aber voller Freude –, intim zu sein. Ohne Intimität bist du hier auf Erden allein unter Fremden. Mit Intimität bist du von Freunden umgeben, von Menschen, die dich lieben. Intimität ist eine großartige Erfahrung. Man sollte sie sich nicht entgehen lassen.

Die ersten Schritte: Das ABC der Intimität

Die Menschen suchen nach Meditation, nach Gebet, nach neuen Lebensweisen. Doch die tiefere Suche, die grundlegendere Suche, dreht sich darum, sich wieder im Leben zu verwurzeln. Ob man es nun Meditation nennt, Gebet oder was auch immer, in der Essenz all dessen geht es darum, sich wieder im Leben zu verwurzeln. Wir sind zu entwurzelten Bäumen geworden – und niemand ist dafür verantwortlich außer uns selbst, mit unserer dummen Vorstellung von der Eroberung der Natur.

Wir sind ein Teil der Natur – wie könnte ein Teil das Ganze erobern? Man muss sich mit ihm anfreunden, es lieben, ihm vertrauen, und langsam, ganz langsam wird aus dieser Freundschaft, dieser Liebe, diesem Vertrauen Intimität entstehen; man kommt sich näher. Die Natur kommt dir näher, und die Natur beginnt dir ihre Geheimnisse zu enthüllen. Ihr größtes Geheimnis ist ihre Göttlichkeit. Sie enthüllt sich nur denen, die wahre Freunde des Lebens sind.

Beginne dort, wo du gerade bist

Das Leben ist eine Suche – eine beständige Suche, eine verzweifelte Suche, eine hoffnungslose Suche, eine Suche nach etwas, von dem man selbst gar nicht so recht weiß, was es ist. Es gibt ein inneres Bedürfnis zu suchen, doch ohne dass man weiß, wonach man eigentlich sucht. Und es gibt einen bestimmten Geisteszustand, bei dem einen nichts, was man bekommt, wirklich zufrieden stellt. Frustration scheint das Schicksal der Menschheit zu sein, denn was immer man auch bekommt, es wird bedeutungslos in dem Moment, in dem man es hat. Man beginnt von neuem zu suchen.

Die Suche geht weiter, ob man nun etwas findet oder nicht. Es scheint unwichtig, was man hat und was man nicht hat – die Suche geht auf jeden Fall immer weiter. Die Armen sind auf der Suche, die Reichen sind auf der Suche, die Kranken sind auf der Suche, die Gesunden sind auf der Suche, die Mächtigen sind auf der Suche, die Machtlosen sind auf der Suche, die Dummen sind auf der Suche, die Weisen sind auf der Suche – und niemand weiß eigentlich genau, wonach.

Diese ganze Suche – was sie ist und warum es sie gibt – muss man verstehen. Es scheint, dass es im menschlichen Wesen, im menschlichen Verstand, eine Lücke gibt. In der Struktur des menschlichen Bewusstseins scheint es ein Loch zu geben, ein schwarzes Loch. Man kann immerzu Dinge hineinwerfen, und sie verschwinden darin. Nichts scheint es aufzufüllen, nichts führt zur Erfüllung.

Es handelt sich um eine wirklich fieberhafte Suche. Man sucht in dieser Welt, und man sucht in der nächsten Welt. Manchmal sucht man Geld, Macht, Prestige, und manchmal sucht man Gott, Seligkeit, Liebe, Meditation, Gebet – doch die Suche geht immer weiter. Es scheint, dass der Mensch krank ist von all der Suche.

Diese Suche erlaubt euch nicht, hier und jetzt zu leben, denn sie führt euch ständig irgendwo anders hin. Diese Suche ist eine Projektion, diese Suche ist ein Verlangen, eine Vorstellung, dass sich das, was du brauchst, irgendwo anders befindet – dass es existiert, aber irgendwo anders, nicht hier, wo du gerade bist. Dass es ganz bestimmt existiert, aber nicht in diesem Augenblick – nicht jetzt, sondern irgendwann einmal. Es existiert dann und dort, niemals hier und jetzt. Diese Suche zerrt immer an dir, sie schubst dich hin und her. Sie treibt dich mehr und mehr zum Wahnsinn, sie macht dich verrückt. Und sie wird sich niemals erfüllen.

Über Rabia al-Adawia, eine große Sufi-Mystikerin, gibt es die folgende Geschichte:

Eines Abends, als die Sonne am Untergehen war und es draußen gerade noch ein bisschen hell war, sahen die Leute sie auf der Straße sitzen und etwas suchen. Sie war schon eine alte Frau, ihre Augen waren schwach, und sie konnte nicht mehr gut sehen. Also kamen die Nachbarn, um ihr zu helfen. Sie fragten: »Wonach suchst du denn?«
Rabia antwortete: »Diese Frage ist unwichtig. Ich suche – wenn ihr mir helfen könnt, dann helft.«
Sie lachten und meinten: »Rabia, bist du verrückt geworden? Du sagst, unsere Frage ist unwichtig, aber wenn wir nicht wissen, wonach du suchst, wie können wir dir da helfen?«
Rabia erwiderte: »In Ordnung – nur um euch zufrieden zu stellen –, ich suche nach meiner Nadel. Ich habe meine Nadel verloren.« Sie begannen ihr also bei der Suche zu helfen, doch sofort wurde ihnen klar, dass die Straße sehr groß war und eine Nadel sehr klein ist.
Also fragten sie Rabia: »Sag uns doch bitte, wo du sie verloren hast – die genaue Stelle –, sonst ist es schwierig. Die Straße ist so groß, und wir könnten ewig danach suchen. Wo hast du sie denn verloren?«
Rabia meinte: »Schon wieder eine unwichtige Frage. Was hat das mit meiner Suche zu tun?«
Sie hielten inne und riefen aus: »Jetzt bist du wirklich verrückt geworden!«
Rabia erwiderte: »In Ordnung – nur um euch zufrieden zu stellen –, ich habe sie im Haus verloren.«
Da fragten sie: »Und warum suchst du sie dann hier draußen?«
Worauf Rabia geantwortet haben soll: »Weil hier draußen Licht ist, und drinnen im Haus nicht.«

Diese Parabel ist sehr bedeutungsvoll. Habt ihr euch jemals gefragt, wonach ihr eigentlich sucht? Habt ihr jemals gründlich darüber nachgedacht und versucht zu erkennen, was ihr eigentlich sucht? Nein. Selbst wenn ihr in manch vagen, träumerischen Augenblicken eine kleine Ahnung davon bekommt, was ihr sucht, ist es doch niemals präzise, niemals genau. Ihr habt es noch nie definiert.

❧

Habt ihr euch jemals gefragt, wonach ihr eigentlich sucht? Habt ihr jemals gründlich darüber nachgedacht und versucht zu erkennen, was ihr eigentlich sucht?

❧

Wenn ihr versucht, es zu definieren, werdet ihr feststellen, dass ihr, je definierter es wird, umso mehr das Gefühl haben werdet, dass es gar keinen Grund gibt, danach zu suchen. Die Suche kann nur in einem Zustand der Vagheit, des Träumens weitergehen; wenn die Dinge unklar sind, macht ihr einfach immer weiter mit der Suche, von einem inneren Bedürfnis, von einem inneren Drang getrieben. Nur eines wisst ihr genau: Ihr müsst suchen. Das ist ein inneres Bedürfnis. Doch ihr wisst nicht wirklich, was ihr sucht. Und wenn ihr nicht wisst, was ihr sucht, wie könnt ihr es da finden?

Es ist vage – ihr denkt, der Schlüssel dazu findet sich in Geld, in Macht, in Prestige, in Respektabilität. Doch dann trefft ihr auf Menschen, die geachtet sind, die mächtig sind und die trotzdem noch suchen. Und ihr trefft auf Menschen, die enorm reich sind und immer noch suchen; bis zu ihrem Lebensende sind sie auf der Suche. Reichtum hilft also nicht, Macht hilft nicht. Die Suche geht immer weiter, egal, wie viel man hat.

Die Suche muss also etwas anderem gelten. Die Namen, die Begriffe – Geld, Macht, Prestige – sind nur dazu da, deinen Verstand zu befriedigen. Sie geben dir einfach nur das Gefühl, dass du tatsächlich nach etwas suchst. Dieses Etwas ist aber immer noch undefiniert, ist nur ein sehr vages Gefühl.

Das Erste für den wahren Suchenden – für den Suchenden, der ein wenig wach und bewusst geworden ist – ist also, die Suche zu definieren, ein klares Konzept davon zu entwickeln, was sie bedeutet, sie aus dem Traumbewusstsein herauszuholen, ihr mit großer Wachsamkeit zu begegnen, sie direkt anzuschauen; sich mit ihr zu konfrontieren. Dann geschieht sofort eine Verwandlung. Wenn man beginnt, die Suche zu definieren, wird man das Interesse daran verlieren. Je klarer definiert sie wird, desto weniger bleibt von ihr übrig. Sobald ganz klar geworden ist, was sie ist, ist sie plötzlich verschwunden. Sie existiert nur, wenn man nicht aufmerksam ist.

Lasst es mich wiederholen: Die Suche existiert nur, wenn ihr schlaft. Die Suche existiert nur, wenn ihr nicht bewusst seid; die Suche existiert nur in eurer Unbewusstheit. Die Unbewusstheit führt zu der Suche.

Ja, Rabia hat Recht. Innen ist kein Licht – und weil innen kein Licht ist und kein Bewusstsein, sucht ihr natürlich im Außen, denn außen scheint es klarer zu sein.

Alle unsere Sinne sind nach außen gerichtet. Die Augen öffnen sich nach außen, die Hände bewegen und spreizen sich nach außen, die Beine bewegen sich in das Außen hinein, die Ohren lauschen äußeren Geräuschen und Klängen. Alles, was euch zur Verfügung steht, öffnet sich nach außen; alle fünf Sinne sind nach außen orientiert. Also beginnt ihr dort zu suchen – wo ihr etwas sehen, fühlen, berühren könnt. Das Licht der Sinne fällt nach draußen, und der Suchende befindet sich im Innern.

Diese Dichotomie muss man verstehen. Der Sucher befindet sich im Innern – doch weil das Licht draußen ist, setzt er sich voller Ehrgeiz in Bewegung und versucht draußen etwas zu finden, was ihn erfüllen könnte. Doch das wird niemals geschehen. Es ist noch niemals geschehen. Und es kann auch der Natur der Dinge nach nicht geschehen, denn solange man nicht den Suchenden gesucht hat, ist die ganze Suche bedeutungslos. Solange man nicht weiß, wer man ist, ist die ganze Suche vergeblich, weil man den Suchenden nicht kennt. Wie kann man sich in die richtige Dimension begeben, in die richtige Richtung, wenn man den Suchenden nicht kennt? Es ist nicht möglich. Man muss die Dinge in der richtigen Reihenfolge angehen.

Diese beiden Dinge sind also wichtig: Erstens, mache dir absolut klar, was dein Ziel ist. Stolpere nicht einfach nur in der Dunkelheit herum. Richte deine Aufmerksamkeit auf das Ziel: Wonach suchst du eigentlich? Denn manchmal wünscht ihr euch die eine Sache und sucht doch nach einer ganz anderen; wenn ihr dann Erfolg habt, werdet ihr trotzdem nicht zufrieden sein. Habt ihr schon mal Leute gesehen, die Erfolg hatten? Sind sie nicht die am meisten Gescheiterten? Bestimmt habt ihr schon mal den Spruch gehört, dass nichts so erfolgreich ist wie der Erfolg. Das ist vollkommen falsch. Ich sage euch im Gegenteil, dass nichts so erfolglos ist wie der Erfolg. Der Spruch muss von dummen Leuten erfunden worden sein. Ich wiederhole: Nichts ist so erfolglos wie der Erfolg.

Über Alexander den Großen heißt es, dass er sich an dem Tag, als er die ganze Welt erobert hatte, in seinem Zimmer einschloss und zu weinen begann. Ich weiß nicht, ob es tatsächlich so passiert ist oder nicht, aber wenn er auch nur ein kleines bisschen intelligent war, muss es so gewesen sein.

Seine Generäle waren sehr verstört: Was war geschehen? Nie zuvor hatten sie Alexander weinen sehen. Er

war nicht der Typ dafür; er war ein großer Krieger. Sie hatten ihn schon in schrecklichen Schwierigkeiten erlebt, in Situationen, in denen sein Leben in äußerster Gefahr war, in der ihm der Tod drohte, und sie hatten ihn niemals auch nur eine einzige Träne vergießen sehen. Sie hatten ihn nie verzweifelt und hoffnungslos erlebt. Was war nur passiert ... jetzt, nachdem er erfolgreich gewesen war, nachdem er zum Eroberer der ganzen Welt geworden war?
Sie klopften also an seine Tür, traten ein und fragten ihn: »Was ist mit dir los? Warum weinst du wie ein kleines Kind?«
Er erwiderte: »Jetzt, nachdem ich erfolgreich war, weiß ich, dass ich gescheitert bin. Ich weiß jetzt, dass ich an demselben Platz stehe wie zuvor, als ich diesen ganzen Unsinn mit der Eroberung der Welt begann. Und das ist mir jetzt klar geworden, weil es keine andere Welt mehr zu erobern gibt; ansonsten hätte ich einfach weitermachen können, hätte ich anfangen können, die nächste Welt zu erobern. Doch jetzt gibt es keine andere Welt mehr zu erobern, jetzt gibt es nichts mehr zu tun – und plötzlich bin ich auf mich selbst zurückgeworfen.«

Ein erfolgreicher Mensch wird am Ende immer auf sich selbst zurückgeworfen, und dann leidet er Höllenqualen, weil er sein ganzes Leben verschwendet hat. Er hat gesucht und gesucht, er hat alles aufs Spiel gesetzt, was er hatte. Jetzt ist er erfolgreich, doch sein Herz ist leer, seine Seele ist ohne Bedeutung, und sein Leben hat keinen Duft, keinen Segen.

Das Erste ist also, genau zu wissen, was man sucht. Ich bestehe darauf – denn je mehr man seine Augen auf das Objekt seiner Suche richtet, desto mehr beginnt das Objekt zu verschwinden. Wenn die Augen vollkommen fokussiert sind, gibt es plötzlich nichts mehr zu suchen, und sofort beginnen sich die Augen nach innen zu richten. Wenn es kein Objekt der Suche mehr gibt, wenn alle Objekte verschwunden sind, herrscht Leere. In dieser Leere geschieht eine Umkehr, eine Wendung nach innen. Man beginnt plötzlich, sich selbst zu betrachten. Nun gibt es nichts mehr zu suchen, und es entsteht eine neue Sehnsucht, die Sehnsucht, den Suchenden kennen zu lernen.

Solange man auf der Suche ist, ist man ein profaner Mensch. Wenn es nichts mehr zu suchen gibt und die Frage »Wer ist der Suchende?« wichtig geworden ist, ist man religiös. Das ist die Art und Weise, wie ich profan und religiös definiere. Solange man noch etwas sucht – und sei es in einem anderen Leben, im Jenseits, im Himmel, im Paradies, das macht keinen Unterschied –, ist man immer noch ein profaner Mensch. Wenn alles Suchen aufgehört hat und man sich plötzlich bewusst wird, dass es nun nur noch eines zu wissen gibt – »Wer ist dieser Suchende in mir? Was ist diese Energie, die immer auf der Suche ist? Wer bin ich?« –, dann geschieht eine Transformation. Plötzlich verändern sich alle Werte. Man beginnt sich nach innen zu bewegen. Dann sitzt Rabia nicht mehr auf der Straße und sucht nach einer Nadel, die irgendwo in der Dunkelheit ihrer inneren Seele verloren gegangen ist.

Wenn alles Suchen aufgehört hat und man sich plötzlich bewusst wird, dass es nun nur noch eines zu wissen gibt – »Wer ist dieser Suchende in mir? Was ist diese Energie, die immer auf der Suche ist? Wer bin ich?« –, dann geschieht eine Transformation.

Wenn ihr anfangt, nach innen zu gehen ... Am Anfang ist es sehr dunkel – Rabia hat Recht, es ist sehr, sehr dunkel. Denn viele Leben lang wart ihr niemals im Innern, eure Augen waren immer nur auf die äußere Welt gerichtet. Habt ihr Folgendes schon einmal wahrgenommen? Es beobachtet? Wenn ihr von draußen, von der Straße, wo es hell ist und die Sonne scheint, plötzlich in einen Raum oder in ein Haus kommt, ist es zunächst sehr dunkel – weil die Augen sich auf das viele Licht draußen eingestellt haben. Wenn es hell ist, ziehen sich die Pupillen zusammen. In der Dunkelheit müssen sich die Pupillen erst wieder entspannen; in der Dunkelheit braucht es eine größere Öffnung. Bei hellem Licht ist eine kleine Öffnung genug. So funktioniert eine Kamera, und so funktionieren auch eure Augen; die Kamera wurde nach der Funktionsweise des menschlichen Auges entwickelt.

Wenn ihr also plötzlich von draußen hereinkommt, wirkt euer eigenes Haus dunkel. Doch wenn ihr euch dann eine Weile hinsetzt, verschwindet die Dunkelheit nach und nach. Es wird wieder heller, denn eure Augen passen sich an. Viele Leben lang wart ihr draußen in der hellen Sonne, in der Welt, und wenn ihr jetzt nach innen geht, habt ihr vollkommen vergessen, wie es ist und wie sich eure Augen wieder daran gewöhnen können. Meditation ist nichts anderes als eine Umstellung der Sicht, eine Anpassung der Sehfähigkeit, der Augen.

In Indien wird dies als das »Dritte Auge« bezeichnet. Es handelt sich dabei nicht um ein tatsächliches Auge irgendwo, es ist vielmehr eine Umstellung, eine vollkommene Neueinstellung der Sicht. Nach und nach ist die Dunkelheit nicht mehr dunkel. Man beginnt ein subtiles, diffuses Licht wahrzunehmen. Und wenn man immer weiter nach innen blickt – es braucht Zeit –, wird man langsam, ganz allmählich, ein wunderbares Licht im Innern wahrnehmen. Es ist kein aggressives Licht wie die Sonne; es ist mehr wie der Mond. Es ist nicht grell, es ist nicht blendend, es ist sehr kühl. Es ist nicht heiß, es ist mitfühlend, es ist beruhigend, es ist wie Balsam.

Und nach und nach, wenn ihr euch an dieses innere Licht gewöhnt habt, werdet ihr feststellen, dass ihr selbst die Quelle seid. Der Sucher ist das Objekt der Suche. Dann werdet ihr erkennen, dass der Schatz in euch selbst liegt und dass das ganze Problem darin bestand, dass ihr im Außen danach gesucht habt. Ihr habt ihn irgendwo im Außen gesucht, und er befand sich immer schon in euch. Er war immer schon in euch. Ihr habt nur in der falschen Richtung gesucht, das ist alles.

Alles ist für euch verfügbar, so wie es für jeden verfügbar ist, wie es für einen Buddha verfügbar ist, für einen Baal Schem, für einen Moses, für einen Mohammed. Alles ist für euch verfügbar, ihr schaut nur einfach in die falsche Richtung. Was den Schatz betrifft, so seid ihr nicht ärmer als Buddha oder Mohammed – nein, Gott hat niemals einen armen Menschen erschaffen. Es geschieht einfach nicht – es kann nicht geschehen, weil Gott euch aus seiner Fülle heraus erschafft. Wie könnte Gott einen armen Menschen erschaffen? Ihr seid das, was aus ihm herausfließt, sein Überfluss; ihr seid Teil dieser Existenz. Wie könntet ihr arm sein? Ihr seid reich, unermesslich reich – so reich wie die Natur selbst.

Doch ihr schaut in die falsche Richtung. Die Richtung ist falsch. Das ist der Grund, warum ihr es immer verfehlt. Und der Punkt ist nicht, dass ihr im Leben keinen Erfolg habt – ihr könnt erfolgreich sein. Und trotzdem werdet ihr scheitern. Nichts wird euch zufrieden stellen, denn in der äußeren Welt gibt es nichts zu gewinnen, was mit dem inneren Schatz, dem inneren Licht, der inneren Glückseligkeit vergleichbar wäre.

Selbsterkenntnis ist nur in tiefem Alleinsein möglich. Normalerweise ist alles, was wir über uns selbst wissen, die Meinung anderer. Sie sagen: »Du bist gut«, und wir denken, dass wir gut sind. Sie sagen: »Du bist schön«, und wir denken, dass wir schön sind. Sie sagen: »Du bist schlecht« oder »Du bist hässlich« ... und was immer die Leute über uns sagen, nehmen wir in uns auf. Das wird dann zu unserer Identität.

Sie ist vollkommen falsch, denn kein anderer kann dich wirklich kennen – niemand kann wissen, wer du bist, außer dir selbst. Die anderen kennen nur einzelne Aspekte, und diese Aspekte sind nur sehr oberflächlich. Sie kennen nur momentane Stimmungen; sie können nicht in dein Inneres vordringen.

Nicht einmal dein Geliebter kann zum innersten Kern deines Wesens vordringen. Dort bist du vollkommen allein, und nur dort wirst du erkennen, wer du wirklich bist.

Die Menschen verbringen ihr ganzes Leben im Glauben an das, was die anderen sagen, in Abhängigkeit von den anderen. Das ist der Grund, warum sie sich so sehr vor der Meinung der anderen fürchten. Wenn die anderen denken, du seist schlecht, wirst du schlecht in deinen eigenen Augen. Wenn sie dich verurteilen, beginnst du dich selbst zu verurteilen. Wenn sie dir sagen, du seist ein Sünder, beginnst du dich schuldig zu fühlen. Weil du von ihrer Meinung abhängig bist, musst du dich ständig nach ihren Vorstellungen richten; sonst werden sie ihre Meinung über dich ändern. Das führt zu Sklaverei, zu einer sehr subtilen Sklaverei. Wenn du in den Augen der anderen gut, wertvoll, schön, intelligent sein möchtest, musst du Zugeständnisse machen, musst du ständig mit den Leuten Kompromisse eingehen, von deren Meinung du abhängig bist.

Die Menschen verbringen ihr ganzes Leben im Glauben an das, was die anderen sagen, in Abhängigkeit von den anderen. Das ist der Grund, warum sie sich so sehr vor der Meinung der anderen fürchten. Wenn die anderen denken, du seist schlecht, wirst du schlecht in deinen eigenen Augen. Wenn sie dich verurteilen, beginnst du dich selbst zu verurteilen.

Dabei entsteht auch noch ein anderes Problem. Weil es so viele Menschen gibt, werden sie dich dauernd mit unterschiedlichen Meinungen füttern – auch mit widersprüchlichen Meinungen. Eine Meinung widerspricht der anderen, und daher herrscht in dir eine große Verwirrung. Der eine sagt, du seist intelligent, der andere sagt, du seist dumm. Wie kannst du entscheiden, was richtig ist? Also bist du gespalten. Du wirst misstrauisch dir selbst gegenüber, wer du wirklich bist ... du wirst anfangen zu schwanken. Und die Komplexität ist sehr groß, weil es Tausende von Leuten um dich herum gibt.

Du kommst mit so vielen Menschen in Kontakt, und sie alle stopfen dich mit ihren Ideen voll. Und niemand kennt dich – nicht einmal du selbst kennst dich –, also wird diese ganze Kollektion in deinem Innern einfach ein großes Durcheinander verursachen. Das ist eine Situation, die einen verrückt machen kann. Du trägst viele Stimmen in dir. Wenn du dich selbst fragst, wer du bist, werden viele Antworten auftauchen. Einige der Antworten werden von deiner Mutter stammen, einige von deinem Vater, andere von deinen Lehrern, und so weiter und so fort. Und du kannst unmöglich entscheiden, welche Antwort die richtige ist. Wie sollte man das entscheiden? Was ist das Kriterium? Hier ist der Mensch verloren. Das ist keine Selbsterkenntnis, das ist »Selbstignoranz«.

Doch weil du von den anderen abhängig bist, hast du Angst, dich ins Alleinsein zu begeben – denn in dem Augenblick, in dem du in dein Alleinsein gehst, bekommst du Angst, dich selbst zu verlieren. Du kennst dich zwar nicht wirklich, doch das Selbst, das du aus den Meinungen der anderen aufgebaut hast, wird zurückbleiben müssen. Daher macht es so viel Angst, nach innen zu gehen. Je tiefer du gehst, desto weniger wirst du wissen, wer du bist. Wenn du dich also in Richtung Selbsterkenntnis bewegst, musst du zunächst einmal alle Vorstellungen über dich selbst fallen lassen. Es wird eine Lücke entstehen; es wird eine Art Nichts entstehen. Du wirst zu einem Nichts werden. Du wirst vollkommen verloren sein, weil alles, was du weißt, nicht mehr von Bedeutung ist, und weil du das, was von Bedeutung ist, noch nicht weißt.

Christliche Mystiker haben das als »die dunkle Nacht der Seele« bezeichnet. Man muss durch sie hindurchgehen, und sobald man durch sie hindurchgegangen ist, taucht die Morgendämmerung auf. Die Sonne geht auf, und man wird sich zum ersten Mal selbst erkennen. Der erste Strahl der Sonne, und alles ist erfüllt. Das erste Zwitschern der Vögel am Morgen, und alles ist erreicht.

Sei authentisch

Wahrhaftigkeit bedeutet Authentizität – wahr zu sein, nicht falsch zu sein, keine Masken zu tragen. Was immer dein wahres Gesicht ist, zeige es, was es dich auch kosten mag.

Doch denkt daran, das bedeutet nicht, dass ihr andere demaskieren sollt; wenn sie mit ihren Lügen glücklich sind, ist das ganz allein ihre Entscheidung. Geht nicht hin und reißt anderen ihre Masken ab; denn so denken die Menschen meist – sie sagen, man muss aufrichtig sein, man muss authentisch sein, und damit meinen sie, dass sie jetzt hingehen und alle nackt ausziehen müssen: »Wieso verbirgst du deinen Körper? Diese Kleider sind nicht notwendig.« Nein. Bitte denkt daran: Seid aufrichtig mit euch selbst. Ihr braucht keinen einzigen anderen Menschen zu verbessern. Wenn ihr euch selbst entwickelt, ist es genug. Seid keine Reformer, und versucht nicht, andere zu bekehren und zu verändern. Wenn *ihr* euch verändert, ist das Botschaft genug.

Seid keine Reformer, und versucht nicht, andere zu bekehren und zu verändern. Wenn ihr *euch verändert, ist das Botschaft genug.*

Authentisch zu sein bedeutet, dem eigenen Wesen treu zu bleiben. Wie bleibt man sich selbst treu? Drei Dinge gilt es zu beachten. Erstens, höre nie auf andere Leute, die dir sagen, was du sein solltest. Höre immer auf deine eigene innere Stimme, die dir sagt, was du sein möchtest; andernfalls verschwendest du dein ganzes Leben. Deine Mutter möchte, dass du Ingenieur wirst, dein Vater möchte, dass du Arzt wirst, und du möchtest ein Dichter werden. Was nun? Natürlich hat die Mutter Recht, denn es ist ökonomischer, es ist finanziell lohnender, ein Ingenieur zu sein. Der Vater hat ebenfalls Recht; ein Arzt ist eine gute Ware am Markt, er hat einen hohen Marktwert. Ein Dichter? Bist du verrückt? Bist du komplett durchgedreht? Dichter sind Menschen, die verflucht sind. Niemand will sie haben. Es besteht kein Bedarf an ihnen; die Welt kann ohne Poesie existieren – es gibt keine Probleme, nur weil es keine Dichtkunst gibt. Doch ohne Ingenieure kann die Welt nicht existieren; die Welt braucht Ingenieure. Wenn du gebraucht wirst, bist du wertvoll. Wenn du nicht gebraucht wirst, hast du keinen Wert.

Doch wenn du ein Dichter sein möchtest, sei ein Dichter. Du bist dann vielleicht ein Bettler – nun gut. Du magst dabei nicht besonders reich werden, aber mach dir deswegen keine Sorgen. Denn andernfalls wärst du vielleicht ein großer Ingenieur, der viel Geld verdient, doch du würdest nie wirkliche Erfüllung finden. Du würdest dich immer nach etwas anderem sehnen; dein inneres Wesen würde sich danach sehnen, ein Dichter zu sein.

Ich habe gehört, dass ein großartiger Wissenschaftler, ein Chirurg, der den Nobelpreis verliehen bekam, einmal gefragt wurde: »Als Ihnen der Nobelpreis verliehen wurde, wirkten Sie nicht gerade sehr glücklich. Warum nicht?« Und er antwortete: »Ich wollte immer ein Tänzer werden. Ich wollte niemals Chirurg werden, und jetzt bin ich nicht nur Chirurg, sondern obendrein noch ein sehr erfolgreicher Chirurg, und das ist eine schwere Bürde für mich. Ich wollte einfach nur ein Tänzer werden, und ich bin immer noch ein lausiger Tänzer – das ist ein Schmerz für mich, eine Qual. Immer wenn ich jemanden tanzen sehe, fühle ich mich so elend, in solch einer Hölle. Was soll ich mit diesem Nobelpreis anfangen? Er kann zu keinem Tanz für mich werden; er kann mir keinen Tanz schenken.«

Denke also daran – bleib deiner inneren Stimme treu. Sie mag dich in Gefahr führen; dann begib dich in Gefahr, doch bleib deiner inneren Stimme treu. Dann besteht die Möglichkeit, dass du eines Tages einen Zustand erreichst, in dem du voll innerer Erfüllung tanzen kannst.

Denke immer daran: Das Wichtigste ist dein inneres Wesen. Lass nicht zu, dass andere dich manipulieren und kontrollieren – und es gibt viele; jeder ist bereit, dich zu kontrollieren, jeder ist bereit, dich zu verändern, jeder ist bereit, dir Ratschläge zu geben, um die du gar nicht gebeten hast. Jeder gibt dir eine Landkarte für dein Leben.

Doch die Landkarte existiert in dir selbst, du trägst sie in dir.

Authentisch zu sein bedeutet, sich selbst treu zu sein. Es ist ein sehr, sehr gefährliches Phänomen, und es gelingt nur wenigen Menschen. Doch wenn es einem Menschen gelingt, erreicht er das Höchste. Er erreicht solch eine Schönheit, solch eine Anmut, solch eine Zufriedenheit, dass ihr es euch überhaupt nicht vorstellen könnt.

❧

Authentisch zu sein bedeutet, sich selbst treu zu sein. Es ist ein sehr, sehr gefährliches Phänomen, und es gelingt nur wenigen Menschen. Doch wenn es einem Menschen gelingt, erreicht er das Höchste. Er erreicht solch eine Schönheit, solch eine Anmut, solch eine Zufriedenheit, dass ihr es euch überhaupt nicht vorstellen könnt.

❧

Der Grund, warum alle Menschen so frustriert wirken, liegt darin, dass keiner von ihnen auf seine innere Stimme gehört hat. Ein Mann wollte vielleicht eine Frau heiraten, doch sie war Mohammedanerin und er ein hinduistischer Brahmane, und die Eltern hätten es nicht erlaubt. Die Gesellschaft hätte es nicht akzeptiert, es war gefährlich. Das Mädchen war arm und er selbst reich. Also hat er stattdessen eine reiche Frau geheiratet, eine hinduistische Brahmanin, die von allen akzeptiert wird, nur nicht von seinem Herzen. Jetzt lebt er ein hässliches Leben. Jetzt geht er zu Prostituierten – doch selbst Prostituierte können ihm nicht helfen, denn er hat sein ganzes Leben prostituiert. Er hat sein ganzes Leben verschwendet.

Höre immer auf deine innere Stimme und auf nichts anderes. Es gibt Tausende von Versuchungen um dich herum, weil unzählige Leute dir etwas verkaufen wollen. Die Welt ist ein Supermarkt, und jeder ist daran interessiert, dir sein Ding zu verkaufen. Jeder ist ein Verkäufer. Wenn du auf zu viele Verkäufer hörst, wirst du verrückt. Höre nicht auf andere. Schließe einfach die Augen und lausche auf deine innere Stimme. Darum geht es bei der Meditation – auf die innere Stimme zu lauschen. Das ist das Erste.

Jeder ist ein Verkäufer. Wenn du auf zu viele Verkäufer hörst, wirst du verrückt. Höre nicht auf andere. Schließe einfach die Augen und lausche auf deine innere Stimme.

Dann folgt das Zweite – nur wenn du das Erste umgesetzt hast, wird das Zweite möglich: Trage niemals eine Maske. Wenn du wütend bist, sei wütend. Es ist riskant, doch lächle nicht, denn das würde bedeuten, dass du nicht echt bist. Man hat dir beigebracht zu lächeln, wenn du wütend bist, doch dadurch wird dein Lächeln falsch, eine Maske – nur ein Verziehen der Lippen und nichts weiter. Das Herz ist voller Wut und Gift, und die Lippen lächeln; dadurch wirst du unecht.

Und dadurch passiert noch etwas anderes: Wenn du jetzt lächeln möchtest, kannst du nicht mehr lächeln. Dein ganzer Mechanismus steht auf dem Kopf, denn als du wütend werden wolltest, warst du es nicht; als du hassen wolltest, hast du es nicht getan. Jetzt möchtest du lieben; doch plötzlich stellst du fest, dass der Mechanismus nicht mehr funktioniert. Jetzt möchtest du lächeln und musst es plötzlich erzwingen. Dein Herz ist voller Lächeln, und du möchtest am liebsten laut herauslachen, doch du kannst nicht mehr lachen. Etwas ist wie erstickt in deinem Herzen, wie erstickt in deiner Kehle. Das Lächeln kommt nicht heraus, und wenn es kommt, dann ist es nur ein blasses und totes Lächeln. Es macht dich nicht glücklich, es sprudelt nicht einfach so heraus. Es bewirkt kein Strahlen um dich herum.

Dein ganzer Mechanismus steht auf dem Kopf, denn als du wütend werden wolltest, warst du es nicht; als du hassen wolltest, hast du es nicht getan. Jetzt möchtest du lieben; doch plötzlich stellst du fest, dass der Mechanismus nicht mehr funktioniert.

Wenn du wütend sein möchtest, sei wütend. Es ist nichts falsch daran, wütend zu sein. Wenn du lachen möchtest, lache. Es ist nichts falsch daran, laut zu lachen. Nach und nach wirst du bemerken, dass dein ganzes System wieder funktioniert. Wenn es wirklich gut funktioniert, gibt es eine Art Summen von sich. So wie ein Auto summt, wenn alles gut läuft – der Fahrer, der sein Auto liebt, weiß dann, dass alles perfekt funktioniert. Es ergibt eine organische Einheit, wenn der Mechanismus gut funktioniert.

Man kann es sehen – wenn der Mechanismus eines Menschen gut funktioniert, kann man das Summen um ihn herum spüren. Wenn er geht, liegt in seinem Gang eine Qualität von Tanz. Wenn er spricht, besitzen seine Worte eine subtile Poesie. Wenn er dich anschaut, schaut er wirklich; nicht nur lauwarm, sondern wirklich warm. Wenn er dich berührt, berührt er dich wirklich; du kannst spüren, wie seine Energie in deinen Körper eindringt, wie ein Strom von Leben übertragen wird … weil sein Mechanismus so gut funktioniert.

Tragt keine Masken, denn das führt zu Funktionsstörungen, zu Blockaden in eurem Mechanismus. Es gibt viele Blockaden in eurem Körper. Wenn ihr eure Wut immer unterdrückt habt, dann ist euer Kiefer blockiert. All diese Wut steigt hoch bis zum Kiefer und stoppt dann dort. Eure Hände werden hässlich sein; sie haben nicht die anmutige Bewegung eines Tänzers, denn die Wut geht in die Finger und wird dort blockiert. Denkt daran, Wut wird an zwei Stellen freigesetzt: über die Zähne und über die Hände. Wenn Tiere wütend sind, beißen sie entweder mit den Zähnen oder fangen an, mit den Klauen zu schlagen. Nägel und Zähne sind also die beiden Stellen, an denen Wut freigesetzt wird.

Ich habe den Verdacht, dass Menschen Zahnprobleme bekommen, wenn sie ihre Wut zu sehr unterdrücken. Etwas läuft falsch mit ihren Zähnen, weil sich zu viel Energie dort staut und niemals freigesetzt wird. Jemand, der seine Wut unterdrückt, wird außerdem mehr essen – wütende Menschen essen mehr, weil die Zähne etwas zu tun brauchen. Wütende Menschen rauchen mehr. Wütende Menschen reden mehr – sie können anfangen, zwanghaft zu reden, denn irgendwie braucht ihr Kiefer Betätigung, um wenigstens ein bisschen Energie freizusetzen. Und die Hände wütender Menschen werden knotig und hässlich. Wenn die Energie freigesetzt worden wäre, hätten es wunderschöne Hände werden können.

Wenn man etwas unterdrückt, gibt es immer einen Teil im Körper, der dem unterdrückten Gefühl entspricht. Wenn jemand sich zwingt, nicht zu weinen, verlieren seine Augen ihren Glanz, weil Tränen notwendig sind; sie sind ein sehr lebendiges Phänomen. Wenn man ab und zu weint – wenn man sich dem Gefühl wirklich hingibt und die Tränen frei fließen lässt –, werden die Augen gereinigt, werden sie wieder frisch, neu und unschuldig.

Das ist der Grund, warum Frauen schönere Augen haben – weil sie weinen dürfen. Männer haben die Schönheit ihrer Augen verloren, weil sie der falschen Ansicht sind, dass Männer nicht weinen dürften. Wenn ein kleiner Junge weint, sagen sogar seine Eltern zu ihm: »Was machst du denn da? Bist du vielleicht eine Heulsuse?« Was für ein Unsinn! Denn Gott hat euch schließlich – Männern wie Frauen – dieselben Tränendrüsen gegeben. Wenn Männer nicht weinen sollten, hätten sie auch keine Tränendrüsen. Das ist ganz einfache Mathematik. Warum existieren Tränendrüsen beim Mann im selben Umfang wie bei der Frau? Augen brauchen Tränen und gelegentliches Weinen, und es ist wirklich schön, wenn jemand aus tiefstem Herzen weinen kann.

Denkt daran, wenn jemand nicht von ganzem Herzen weinen kann, kann er auch nicht von ganzem Herzen lachen, denn das ist der andere Pol. Menschen, die lachen können, können auch weinen; Menschen, die nicht weinen können, können auch nicht lachen. Und vielleicht ist es euch bei Kindern schon einmal aufgefallen: Wenn sie laut und lange lachen, fangen sie an zu weinen – denn diese beiden Reaktionen sind miteinander verbunden. In den Dörfern auf dem Land habe ich gehört, wie Mütter zu ihren Kindern sagen: »Lach nicht so viel, sonst wirst du anfangen zu weinen.« Das ist tatsächlich wahr, weil es sich dabei nicht um unterschiedliche Phänomene handelt, sondern um dieselbe Energie, die sich einfach nur in entgegengesetzte Richtungen bewegt. Als Zweites gilt also: Tragt keine Masken – seid aufrichtig, was es euch auch kosten mag.

Und das Dritte in Bezug auf Authentizität: Verweilt immer in der Gegenwart, denn alles Falsche kommt entweder aus der Vergangenheit oder aus der Zukunft. Was vergangen ist, ist vergangen. Beunruhigt euch deswegen nicht und schleppt es nicht als Last mit euch herum; sonst wird es euch nicht erlauben, in der Gegenwart authentisch zu sein. Und alles, was noch nicht geschehen ist, ist noch nicht geschehen. Macht euch keine unnötigen Sorgen um die Zukunft, sonst werden diese eure Gegenwart zerstören. Bleibt in der Gegenwart, dann werdet ihr auch authentisch sein. Hier und jetzt gegenwärtig zu sein bedeutet, authentisch zu sein. Keine Vergangenheit, keine Zukunft – dieser Augenblick ist alles. Dieser Augenblick ist die ganze Ewigkeit.

❧

Was vergangen ist, ist vergangen. Beunruhigt euch deswegen nicht und schleppt es nicht als Last mit euch herum; sonst wird es euch nicht erlauben, in der Gegenwart authentisch zu sein.

❧

Beachtet diese drei Dinge und ihr werdet Wahrhaftigkeit erlangen. Dann wird alles, was ihr sagt, wahr sein. Normalerweise denkt ihr, dass ihr darauf achten solltet, die Wahrheit zu sagen; das ist es nicht, was ich sage. Ich sage, sorgt dafür, dass ihr authentisch seid, und alles, was ihr sagt, wird wahr sein.

Wahrheit ist nichts Logisches. Mit Wahrheit meine ich nicht eine Schlussfolgerung, zu der man mit logischen, rationalen Methoden gelangt ist. Mit Wahrheit meine ich authentisches Sein, nichts vorzutäuschen, was du nicht bist, sondern einfach das zu sein, was du bist, was auch immer du damit riskierst, und niemals zum Heuchler zu werden. Wenn du traurig bist, bist du traurig. Das ist die Wahrheit in diesem Augenblick; verstecke sie nicht. Setze kein falsches Lächeln auf, denn dieses falsche Lächeln würde zu einer Spaltung in dir führen. Du würdest dich spalten – ein Teil von dir würde lächeln, und natürlich wäre es nur der kleinere Teil, und der größere Teil wäre weiter traurig. Dadurch würde eine Spaltung entstehen, und wenn du das wieder und wieder machst …

Wenn du wütend bist, zeigst du deine Wut nicht – weil du Angst hast, dass das dein Image zerstören könnte, denn die Leute denken schließlich, dass du voller Mitgefühl bist und niemals wütend wirst. Sie schätzen dich dafür, und das schmeichelt deinem Ego. Wütend zu sein würde dein schönes Image kaputtmachen, und statt das Image kaputtzumachen, unterdrückst du lieber deine Wut. Sie ist im Innern am Kochen, doch an der Oberfläche bleibst du voller Mitgefühl, freundlich, höflich und sanft. So wird die Spaltung eingeübt. Die Menschen praktizieren diese Spaltung ihr ganzes Leben lang, bis sie irgendwann dauerhaft geworden ist. Selbst wenn man dann allein ist und niemand anderer da ist und es keinen Grund gibt, etwas vorzutäuschen, täuscht man weiter etwas vor; es ist einem zur zweiten Natur geworden. Die Menschen sind nicht einmal in ihrem Badezimmer aufrichtig; selbst wenn sie vollkommen allein sind, sind sie unaufrichtig. Jetzt ist es keine Frage von aufrichtig oder unaufrichtig mehr; es ist einfach zu einer Gewohnheit geworden. Ihr ganzes Leben lang haben sie es geübt, und wenn man es mehr und mehr übt, wird der Abstand zwischen den beiden Teilen immer größer.

Selbst wenn man dann allein ist und niemand anderer da ist und es keinen Grund gibt, etwas vorzutäuschen, täuscht man weiter etwas vor; es ist einem zur zweiten Natur geworden. Die Menschen sind nicht einmal in ihrem Badezimmer aufrichtig; selbst wenn sie vollkommen allein sind, sind sie unaufrichtig.

Wenn der Abstand nicht mehr zu überbrücken ist, spricht man von Schizophrenie. Wenn man mit dem eigenen anderen Teil nicht mehr in Kontakt treten kann, besteht man praktisch aus zwei Personen statt aus einer; dabei handelt es sich um eine schwere geistige Störung. Doch jedermann ist gespalten, sodass der Unterschied zwischen einem Schizophrenen und einem Normalen nur gradueller Natur ist. Der Unterschied ist nicht grundlegend, er ist nicht qualitativ, sondern nur quantitativ.

Mit Wahrheit meine ich, nichts vorzutäuschen. Sei einfach nur das, was du bist – in dem einen Augenblick bist du traurig, also bist du in diesem Augenblick traurig. Und wenn du im nächsten Augenblick glücklich bist, besteht keine Notwendigkeit, nun traurig zu bleiben – denn auch das ist euch beigebracht worden: nicht unbeständig zu sein, nicht wankelmütig zu sein. Doch es geschieht, ihr könnt es beobachten – du warst traurig, und plötzlich ist die Traurigkeit verschwunden, doch du kannst nicht sofort lachen, denn was würden die Leute denken? Bist du vielleicht verrückt? Gerade eben warst du noch traurig, und jetzt fängst du plötzlich an zu lachen? Nur Verrückte oder kleine Kinder machen so etwas; von dir erwartet man etwas anderes. Du musst warten, bis eine bestimmte Situation auftaucht, in der du dich ganz langsam entspannen und anfangen kannst, wieder zu lächeln und zu lachen.

Ihr täuscht also nicht nur Lächeln vor, wenn ihr traurig seid, ihr täuscht auch Traurigkeit vor, wenn ihr eigentlich lächeln wollt – nur wegen dieser ganzen dummen Vorstellung, dass man nicht unbeständig sein sollte. Jeder Augenblick hat sein eigenes Wesen, und von einem Augenblick zum anderen muss es keine Beständigkeit geben. Das Leben ist ein Fließen, es ist ein Fluss: Es verändert immer wieder seine Stimmung. Man sollte sich also keine Gedanken über Beständigkeit machen. Jeder, der sich über Beständigkeit Gedanken macht, wird unaufrichtig, denn nur Lügen können beständig sein. Die Wahrheit ist immer in Bewegung. Die Wahrheit enthält ihre eigenen Widersprüche – und das ist der Reichtum der Wahrheit, ihre Weite, ihre Schönheit.

Wenn du dich also traurig fühlst, sei traurig – ohne Verurteilung, ohne Bewertung, ob das gut oder schlecht ist. Es gibt hier keine Frage von gut oder schlecht, es ist einfach so. Und wenn es vorbeigeht, lass es gehen. Wenn du wieder zu lächeln beginnst, fühle dich nicht schuldig, weil du eben noch traurig warst und jetzt schon wieder lächeln kannst. Du musst nicht darauf warten, dass jemand erst einen Witz erzählt, dass jemand erst das Eis bricht, um dann zu lächeln. Du musst nicht auf den richtigen Moment warten. Auch das wäre nur wieder Heuchelei. Wenn du glücklich bist, sei glücklich; es gibt keinen Grund, etwas vorzutäuschen.

Und denk daran: Jeder Augenblick hat seine eigene, einzigartige Wahrheit. Sie hat nichts mit dem vorangegangenen Augenblick zu tun, und sie ist nicht mit dem nachfolgenden Augenblick verbunden. Jeder Augenblick steht einzeln für sich. Sie folgen einander nicht sequenziell, sie sind nicht linear. Jeder Augenblick hat seine eigene Art des Seins, und du musst genau das sein, in diesem Augenblick, nichts anderes. Das ist es, was wirklich mit Wahrheit gemeint ist.

Wahrheit bedeutet Authentizität, Wahrheit bedeutet Aufrichtigkeit. Wahrheit ist nichts Logisches. Es ist ein psychologischer Zustand des Wahrseins – nicht irgendeinem Ideal entsprechend, denn wenn es ein Ideal gibt, wird es dazu führen, dass du falsch bist. Wenn du denkst, dass wahr sein bedeutet, wie ein Buddha zu sein, wirst du niemals wahr sein, weil du eben *kein* Buddha bist und dir den Buddha nur überstülpst. Du kannst wie ein Buddha dasitzen, du kannst praktisch zu einer Marmorstatue werden, doch tief im Innern wirst du immer noch derselbe sein. Der Buddha wird nur eine äußere Haltung sein. Und wenn du einem Ideal folgst, kannst du nicht wirklich im Augenblick sein, denn das Ideal ist immer da, und du musst ihm nachstreben.

Ein authentischer Mensch hat keine Ideale. Er lebt von Augenblick zu Augenblick; er lebt immer so, wie er sich im Augenblick gerade fühlt. Er respektiert immer vollständig seine Gefühle, seine Emotionen, seine Stimmungen. Und so wünsche ich mir die Menschen: authentisch, wahr, aufrichtig, voller Respekt gegenüber ihrer eigenen Seele.

❧

Wenn du einem Ideal folgst, kannst du nicht wirklich im Augenblick sein, denn das Ideal ist immer da, und du musst ihm nachstreben. Ein authentischer Mensch hat keine Ideale.

❧

Höre auf dich selbst

Höre immer auf deine eigenen Gefühle, ohne dich bei den anderen umzuschauen. Denn selbst wenn du die Leute anschaust, kannst du nicht genau feststellen, was in ihnen passiert, denn ihr Gesicht spiegelt nicht ihre innere Realität, so wie dein Gesicht nicht deine innere Realität spiegelt. Ihre äußere Erscheinung entspricht nicht ihrer inneren, so wie deine äußere Erscheinung nicht deiner inneren entspricht.

Das ist die ganze Heuchelei der Gesellschaft – das Innere, das Zentrum, das wahre Gesicht nicht zu zeigen. Es zu verbergen. Es nur jemandem zu zeigen, mit dem man sich sehr intim und vertraut fühlt, der es verstehen wird. Doch wer ist vertraut? Selbst Liebende zeigen sich gegenseitig nicht ihr wahres Gesicht. Denn man weiß ja nie – im einen Augenblick ist der andere noch ein Geliebter, doch im nächsten Augenblick vielleicht schon nicht mehr. So wird jeder wie eine Insel, rundum abgeschlossen.

Schau nicht auf die anderen, schau auf dich selbst. Und lass das, was in dir ist, an die Oberfläche kommen, was immer auch das Risiko dabei sein mag. Denn es gibt kein größeres Risiko als die Unterdrückung. Wenn du etwas unterdrückst, wirst du alles Feuer in dir verlieren, allen Enthusiasmus. Wenn du immer weiter Dinge unterdrückst, wirst du alles Leben in dir verlieren. Es ist giftig; es vergiftet das Sein.

Schau nicht auf die anderen, schau auf dich selbst. Und lass das, was in dir ist, an die Oberfläche kommen, was immer auch das Risiko dabei sein mag. Denn es gibt kein größeres Risiko als die Unterdrückung.

Höre auf dein Herz, und was immer du dort findest, bring es nach außen. Bald wirst du geübt darin sein, es nach außen zu bringen, und du wirst es genießen. Und sobald du weißt, wie es ist, wahr zu sein, wird es dich so begeistern, dass du dich niemals mehr damit zufrieden geben wirst, falsch zu sein. Wir entscheiden uns nur deshalb immer wieder dafür, falsch zu sein, weil wir das Wahre niemals kennen gelernt haben. Von Beginn der Kindheit an wurde das Wahre unterdrückt. Bevor ein Kind sich noch bewusst wird, was wahr ist, wird ihm schon beigebracht, es zu unterdrücken. Ganz unbewusst, auf mechanische Weise, wird es dann weiter alles unterdrücken, ohne zu wissen, was es tut.

Sobald du weißt, wie es ist, wahr zu sein, wird es dich so begeistern, dass du dich niemals mehr damit zufrieden geben wirst, falsch zu sein. Wir entscheiden uns nur deshalb immer wieder dafür, falsch zu sein, weil wir das Wahre niemals kennen gelernt haben.

Sei dir selber treu – es gibt keine größere Verantwortung. Man muss seinem eigenen Wesen gegenüber Verantwortung übernehmen. Du bist für dein eigenes Wesen verantwortlich; Gott wird dich nicht fragen, warum du nicht jemand anderer warst.

Es gibt eine Geschichte über den chassidischen Mystiker Josiah, als er im Sterben lag. Jemand fragte ihn, warum er nicht zu Gott bete und ob er sicher sei, dass Moses für ihn Zeugnis ablegen werde. Er antwortete: »Lass mich dir eines sagen. Gott wird mich nicht fragen, warum ich kein Moses bin. Er wird mich fragen, warum ich kein Josiah bin.«

Das ist das ganze Problem – wie kannst du du selbst sein? Wenn man dieses Problem lösen kann, wird jedes andere Problem unproblematisch. Dann ist das Leben ein wunderbares Mysterium, das es zu leben gilt – kein Problem, das gelöst werden muss, sondern etwas, das es zu leben und zu genießen gilt.

Vertraue dir selbst

Vertrauen ist nur möglich, wenn du zuerst dir selbst vertraust. Das Grundlegende muss zuerst in dir selbst geschehen. Wenn du dir selbst vertraust, kannst du auch mir vertrauen, kannst du auch anderen Menschen vertrauen, kannst du dem Leben vertrauen. Und wenn du dir selbst nicht vertraust, ist keine andere Art von Vertrauen jemals möglich.

Doch die Gesellschaft zerstört das Vertrauen bereits an den Wurzeln. Sie erlaubt euch nicht, euch selbst zu vertrauen. Sie lehrt alle möglichen Arten von Vertrauen – Vertrauen in die Eltern, Vertrauen in die Kirche, Vertrauen in den Staat, Vertrauen in Gott, und so weiter –, doch das grundlegende Vertrauen wird vollkommen zerstört. Und dann ist jedes andere Vertrauen unecht, muss es einfach unecht sein. Jede andere Art von Vertrauen ist dann nur eine Plastikblume. Ihr habt keine echten Wurzeln, aus denen echte Blumen wachsen könnten.

Die Gesellschaft macht das bewusst, mit voller Absicht, denn ein Mensch, der sich selbst vertraut, ist gefährlich für diese Gesellschaft – eine Gesellschaft, die auf Sklaverei beruht, die allzu viel in die Sklaverei investiert hat. Ein Mensch, der sich selbst vertraut, ist ein unabhängiger Mensch. Er ist nicht kalkulierbar, er wird immer seinen eigenen Weg gehen. Freiheit wird sein Leben sein. Er wird seinen Gefühlen und seiner Liebe vertrauen, und dann wird sein Vertrauen enorme Intensität und Wahrheit besitzen. Dann wird sein Vertrauen lebendig und authentisch sein. Und er wird bereit sein, alles für sein Vertrauen zu riskieren – doch nur, wenn er es wirklich fühlt, nur wenn es wahr ist, nur wenn es sein Herz bewegt, nur wenn es seine Intelligenz und seine Liebe anrührt. Sonst nicht. Man kann ihm keine Art von Glauben aufzwingen.

Diese Gesellschaft beruht auf Glauben. Ihre ganze Struktur ist autohypnotisch. Ihre ganze Struktur beruht darauf, Roboter und Maschinen hervorzubringen, aber keine Menschen. Sie braucht Abhängige – Menschen, die so abhängig sind, dass sie ständig tyrannisiert werden müssen, dass sie sich ihre eigenen Tyrannen suchen, ihre eigenen Adolf Hitlers, ihre eigenen Mussolinis, ihre eigenen Josef Stalins und Mao Tse-tungs. Diese Erde, diese wunderschöne Erde, haben wir in ein einziges großes Gefängnis verwandelt. Ein paar machthungrige Menschen haben die ganze Menschheit zu einem dummen Pöbel gemacht. Der Mensch darf nur leben, wenn er sich mit allem möglichen Unsinn abfindet.

Diese Erde, diese wunderschöne Erde, haben wir in ein einziges großes Gefängnis verwandelt. Ein paar machthungrige Menschen haben die ganze Menschheit zu einem dummen Pöbel gemacht. Der Mensch darf nur leben, wenn er sich mit allem möglichen Unsinn abfindet.

Einem Kind zum Beispiel zu sagen, dass es an Gott glauben solle, ist Unsinn, vollkommener Unsinn – nicht weil es Gott nicht gibt, sondern weil das Kind noch keinen Hunger danach verspürt hat, keine Sehnsucht, kein Verlangen. Es ist noch nicht so weit, sich auf die Suche nach der Wahrheit zu machen, der letzten Wahrheit des Lebens. Es ist noch nicht reif genug, die Realität des Lebens zu erforschen. Diese Liebesgeschichte muss eines Tages erst noch geschehen, doch sie kann nur geschehen, wenn ihm kein Glauben aufgedrängt wurde. Wenn das Kind zu einem Glauben bekehrt wird, bevor der Hunger auftaucht, zu forschen und zu wissen, dann wird dieser Mensch sein ganzes Leben auf unechte Weise verbringen, wird er ein Pseudoleben führen.

Ja, er wird von Gott sprechen, weil man ihm gesagt hat, dass es Gott gibt. Man hat es ihm voller Autorität gesagt, und es wurde von Menschen gesagt, die in seiner Kindheit sehr mächtig waren – seinen Eltern, seinen Priestern, seinen Lehrern. Es wurde ihm von anderen gesagt, und er musste es akzeptieren; es war eine Frage des Überlebens. Er konnte seinen Eltern nicht widersprechen, denn ohne sie hätte er nicht überleben können. Es war zu riskant, Nein zu sagen; er musste Ja sagen. Doch dieses Ja kann nicht echt sein.

Wie könnte es echt sein? Er sagt nur aus politischen Gründen Ja, als Überlebensstrategie. Damit ist er nicht zu einem religiösen Menschen geworden, sondern zu einem Diplomaten, zu einem Politiker. Damit wurde sein Potenzial zerstört, zu einem authentischen Menschen zu werden. Damit wurde er vergiftet. Damit wurde seine potenzielle Intelligenz zerstört, denn Intelligenz entsteht nur, wenn das Verlangen zu wissen im Innern aufsteigt. Jetzt wird das Verlangen niemals aufsteigen, denn bevor die Frage noch in seiner Seele aufgetaucht ist, wurde ihm bereits die Antwort geliefert. Bevor er noch hungrig war, wurde ihm bereits die Nahrung in den Mund gestopft. Doch ohne den Hunger kann diese aufgezwungene Nahrung nicht verdaut werden; es ist kein Hunger da, um sie zu verdauen. Das ist der Grund, warum viele Menschen wie Rohre wirken, durch die das Leben wie unverdaute Nahrung hindurchfließt.

Man muss sehr geduldig mit Kindern sein, sehr wachsam, sehr bewusst, um ihnen nichts zu sagen, was sie davon abhalten könnte, ihre eigene Intelligenz zu entwickeln, um sie nicht in Christen, Hindus oder Mohammedaner zu verwandeln. Man braucht unendliche Geduld. Eines Tages geschieht das Wunder, dass das Kind von selbst zu fragen beginnt. Und auch dann sollte man ihm keine vorgefertigten Antworten liefern. Vorgefertigte Antworten helfen niemandem; vorgefertigte Antworten sind langweilig und dumm. Man muss ihm helfen, intelligenter zu werden. Statt ihm Antworten zu geben, muss man ihm Gelegenheiten und Herausforderungen bieten, sodass seine Intelligenz geschärft wird und es tiefer fragt – sodass die Frage unmittelbar zum Kern vordringt, sodass die Frage zu einer Frage auf Leben und Tod wird.

❧

Man muss sehr geduldig mit Kindern sein, sehr wachsam, sehr bewusst, um ihnen nichts zu sagen, was sie davon abhalten könnte, ihre eigene Intelligenz zu entwickeln.

❧

Doch das wird niemals zugelassen. Die Eltern haben zu viel Angst, die Gesellschaft hat zu viel Angst. Wenn die Kinder frei bleiben dürfen, wer weiß? Dann kommen sie vielleicht niemals zu der Herde, zu der die Eltern gehören, dann gehen sie vielleicht niemals zur Kirche – sei sie nun katholisch, protestantisch oder was auch immer. Wer weiß, was passiert, wenn sie ihre eigene Intelligenz entdecken? Sie sind dann außerhalb jeder Kontrolle. Und diese Gesellschaft hat eine ausgeklügelte Politik entwickelt, um jeden Einzelnen zu kontrollieren, um die Seele jedes Einzelnen mit Beschlag zu belegen.

Aus diesem Grund müssen sie als Erstes das Vertrauen zerstören – das Vertrauen des Kindes in sich selbst, das natürliche Selbstvertrauen des Kindes. Sie müssen dafür sorgen, dass es unsicher ist und Angst hat. Sobald es zittert, ist es kontrollierbar. Wenn es voller Selbstvertrauen ist, ist es nicht kontrollierbar. Wenn es voller Selbstvertrauen ist, wird es sich durchsetzen, wird es versuchen, seinen eigenen Weg zu gehen. Es wird dann niemals jemand anderem folgen wollen. Es wird auf seine eigene Reise gehen, es wird nicht die Sehnsucht eines anderen nach irgendeinem Trip erfüllen. Es wird niemals zu einem Imitator werden, es wird niemals ein langweiliger und toter Mensch werden. Es wird so lebendig sein, so pulsierend vor Leben, dass niemand in der Lage sein wird, es zu kontrollieren.

Doch wenn du sein Vertrauen zerstörst, hast du es kastriert. Dann hast du ihm seine Macht genommen; dann wird es sich immer machtlos fühlen und immer jemanden brauchen, der es beherrscht, der es lenkt, der ihm befiehlt. Dann wird aus ihm ein guter Soldat werden, ein guter Bürger, ein guter Nationalist, ein guter Christ, ein guter Mohammedaner, ein guter Hindu.

Ja, dieser Mensch wird alle diese Dinge sein. Doch er

wird kein wirkliches Individuum sein. Er wird keine Wurzeln haben, er wird sein ganzes Leben lang entwurzelt sein. Er wird sein Leben ohne Wurzeln leben – und ohne Wurzeln zu leben bedeutet, im Elend zu leben, in der Hölle zu leben. So wie Bäume Wurzeln in der Erde brauchen, ist auch der Mensch ein Baum, der Wurzeln im Leben braucht, oder er wird ein intelligenzloses Leben führen.

Vor ein paar Tagen habe ich die folgende Geschichte gelesen:

> Drei Chirurgen, alte Freunde, trafen sich im Urlaub. Während sie gemeinsam am Strand in der Sonne lagen, begannen sie zu prahlen. Der Erste erzählte: »Ich hatte einen Patienten, der im Krieg beide Beine verloren hatte. Ich habe ihm künstliche Beine angenäht, und es war ein echtes Wunder. Jetzt ist er einer der besten Läufer der Welt! Er hat gute Chancen, bei der nächsten Olympiade zu gewinnen.«
>
> Der andere meinte: »Das ist noch gar nichts. Ich hatte eine Patientin, die aus dem 30. Stockwerk gefallen war. Ihr Gesicht war vollkommen zermatscht. Ich habe es wieder zusammengeflickt, und vor ein paar Tagen habe ich in der Zeitung gelesen, dass sie Miss Universum geworden ist.«
>
> Der Dritte war ein bescheidener Mensch. Die anderen schauten ihn an und fragten: »Na, und du, was hast du in letzter Zeit so gemacht? Was gibt es Neues?«
>
> Der Mann antwortete: »Oh, nichts Besonderes – und außerdem darf ich nichts darüber erzählen.«
>
> Seine Kollegen wurden daraufhin natürlich noch neugieriger. Sie meinten: »Aber wir sind deine Freunde, wir werden dein Geheimnis bewahren. Du brauchst dir keine Sorgen zu machen; es wird nicht herauskommen.«

Also erwiderte er: »Na gut, wenn ihr es mir versprecht. Ein Mann wurde zu mir gebracht, der seinen Kopf bei einem Autounfall verloren hatte. Ich wusste nicht, was ich tun sollte. Ich ging in den Garten, um nachzudenken, und plötzlich fiel mir ein Kohlkopf auf. Weil ich nichts anderes finden konnte, transplantierte ich ihm den Kohlkopf. Und wisst ihr, was? Dieser Mann ist Präsident der Vereinigten Staaten geworden.«

Auch wenn ihr das Kind kaputtmacht, kann es noch zum Präsidenten der Vereinigten Staaten werden. Es ist nicht von vornherein unmöglich, ohne Intelligenz erfolgreich zu sein. Tatsächlich ist es schwieriger, *mit* Intelligenz erfolgreich zu sein, denn ein intelligenter Mensch ist kreativ. Er ist seiner Zeit immer voraus; es braucht Zeit, ihn zu verstehen.

Der unintelligente Mensch ist leicht zu verstehen. Er passt zur Struktur seiner Gesellschaft; die Gesellschaft besitzt die notwendigen Werte und Kriterien, um ihn zu beurteilen. Doch die Gesellschaft braucht Jahre, um ein Genie zu erkennen.

Der unintelligente Mensch ist leicht zu verstehen.
Er passt zur Gestalt seiner Gesellschaft; die Gesellschaft besitzt die notwendigen Werte und Kriterien, um ihn zu beurteilen.
Doch die Gesellschaft braucht Jahre, um ein Genie zu erkennen.

Ich sage also nicht, dass ein Mensch, der keine Intelligenz hat, nicht erfolgreich werden kann, nicht berühmt werden kann – doch er wird dabei immer unecht bleiben. Und das ist das Problem: Man kann berühmt sein, doch wenn man dabei unecht ist, wird man immer unglücklich sein. Man weiß gar nicht, welchen Segen das Leben über einem ausschüttet – man wird es niemals erkennen. Man besitzt nicht genug Intelligenz, um es zu erkennen. Man wird niemals die Schönheit der Existenz erkennen, weil man gar nicht die Empfindsamkeit besitzt, die es dafür braucht. Man wird niemals das Wunder erkennen, das uns umgibt, das jeden Tag auf millionenfache Weise unseren Weg kreuzt. Man wird es niemals sehen, denn um das zu sehen, braucht es eine enorme Fähigkeit, zu verstehen, zu fühlen, zu sein.

Diese Gesellschaft ist machtorientiert. Diese Gesellschaft ist immer noch vollkommen primitiv, vollkommen barbarisch. Einige wenige – Politiker, Priester, Professoren – herrschen über Millionen. Und diese Gesellschaft funktioniert auf solche Art und Weise, dass kein Kind seine Intelligenz behalten darf. Es ist reiner Zufall, dass ab und zu ein Buddha auf Erden erscheint – reiner Zufall. Irgendwie entkommt ab und zu einmal ein einzelner Mensch den Klauen der Gesellschaft. Ab und zu wird ein Mensch nicht von ihr vergiftet. Das muss wohl auf einem Fehler, einem Versehen beruhen. Ansonsten gelingt es der Gesellschaft, eure Wurzeln zu zerstören, euer Vertrauen in euch selbst zu zerstören. Und sobald das geschehen ist, seid ihr nicht mehr in der Lage, einem anderen zu vertrauen. Sobald ihr unfähig seid, euch selbst zu lieben, seid ihr nicht mehr in der Lage, andere zu lieben. Das ist eine absolute Wahrheit, es gibt dazu keine Ausnahmen. Man kann andere nur lieben, wenn man fähig ist, sich selbst zu lieben. Doch die Gesellschaft verurteilt Selbstliebe. Sie behauptet, sie sei Selbstsucht, sie sei Narzissmus.

Es ist reiner Zufall, dass ab und zu ein Buddha auf Erden erscheint – reiner Zufall. Irgendwie entkommt ab und zu einmal ein einzelner Mensch den Klauen der Gesellschaft.

Ja, Selbstliebe kann narzisstisch werden, doch sie ist es nicht notwendigerweise. Sie kann narzisstisch werden, wenn sie sich niemals über sich selbst hinausbewegt, sie kann eine Art Selbstsucht werden, wenn sie auf sich selbst beschränkt bleibt. Davon abgesehen ist Selbstliebe der Anfang jeder anderen Form von Liebe.

Sobald ihr unfähig seid, euch selbst zu lieben, seid ihr nicht mehr in der Lage, andere zu lieben. Das ist eine absolute Wahrheit, es gibt dazu keine Ausnahmen.

Ein Mensch, der sich selbst liebt, wird früher oder später vor Liebe überfließen. Ein Mensch, der sich selbst vertraut, kann anderen nicht misstrauen, selbst denen nicht, die ihn betrügen wollen, selbst denen nicht, die ihn bereits betrogen haben. Ja, nicht einmal ihnen kann er misstrauen, denn er weiß, dass Vertrauen wertvoller ist als alles andere.

Man kann einen anderen Menschen betrügen – doch um was kann man ihn betrügen? Man kann ihm Geld oder sonstige materielle Dinge wegnehmen. Doch der Mensch, der um die Schönheit des Vertrauens weiß, wird sich von solch kleinen Dingen nicht irritieren lassen. Er wird dich weiter lieben, er wird dir weiter vertrauen. Und dann geschieht ein Wunder: Wenn ein Mensch dir wirklich vertraut, wird es sehr schwer, ihn zu betrügen, wird es beinahe unmöglich.

Wenn ein Mensch dir wirklich vertraut, wird es sehr schwer, ihn zu betrügen, wird es beinahe unmöglich.

Das passiert sogar jeden Tag im Alltag. Wann immer du jemandem vertraust, wird es dem anderen unmöglich, dich zu betrügen, dich zu täuschen. Du sitzt zum Beispiel im Bahnhof in der Wartehalle, und neben dir sitzt ein fremder Mensch – er ist dir vollkommen fremd, du kennst ihn nicht –, und du sagst zu ihm: »Könnten Sie bitte auf mein Gepäck aufpassen? Ich muss kurz weg, um mir eine Fahrkarte zu kaufen.« Und dann gehst du weg. Du vertraust einem vollkommen Fremden. Doch es passiert fast nie, dass dieser Fremde dich betrügt. Er hätte dich betrügen können, wenn du ihm nicht vertraut hättest.

Vertrauen besitzt eine magische Qualität. Wie könnte er dich betrügen, nun, da du ihm Vertrauen erwiesen hast? Wie könnte er so tief sinken? Er wäre niemals fähig, sich selbst zu vergeben, wenn er dich betrügen würde.

Das menschliche Bewusstsein hat eine angeborene Tendenz, zu vertrauen und das Vertrauen anderer zu rechtfertigen. Jeder genießt es, wenn man ihm vertraut. Es bedeutet Achtung – und umso mehr, wenn man einem Fremden vertraut. Es gibt keinen Grund, ihm zu vertrauen, und doch schenkt man ihm Vertrauen. Damit hebt man ihn auf ein so hohes Podest, gibt ihm solch ein Gefühl von Wertschätzung, dass es für ihn beinahe unmöglich ist, von dieser Höhe zu fallen. Und wenn er doch fallen sollte, wird er sich das niemals vergeben können, wird er die Last der Schuld sein ganzes Leben lang tragen.

Ein Mensch, der sich selbst vertraut, wird die Schönheit darin erkennen – dass man umso mehr erblüht, je mehr man sich selbst vertraut. Je mehr man sich in einem Zustand des Zulassens und der Entspannung befindet, desto gelassener und heiterer ist man, desto ruhiger und stiller ist man. Und das ist so schön, dass man anfängt, mehr und mehr Menschen zu vertrauen, denn je mehr man vertraut, desto mehr vertieft sich die Ruhe, desto mehr dringt die Gelassenheit bis zum Kern des eigenen Wesens vor. Und je mehr man vertraut, desto höher schwingt man sich auf. Ein Mensch, der vertrauen kann, wird früher oder später die Logik des Vertrauens erkennen. Und dann, eines Tages, wird er auch versuchen, dem Unbekannten zu vertrauen.

Beginne dir selbst zu vertrauen – das ist die grundlegende Lektion, die erste Lektion. Beginne dich selbst zu lieben. Wenn du selbst dich nicht liebst, wer sonst sollte dich lieben? Doch denke daran, wenn du *nur* dich selbst liebst, ist deine Liebe sehr arm.

Hillel, ein großer jüdischer Mystiker, hat einmal gesagt: »Wenn du nicht für dich selbst bist, wer sollte dann für dich sein?« Aber auch: »Wenn du nur für dich selbst bist, welchen Sinn kann dein Leben dann haben?« – eine enorm bedeutsame Aussage. Denke daran: Liebe dich selbst, denn wenn du dich selbst nicht liebst, wird niemand anders dich jemals lieben können.

Man kann einen Menschen nicht lieben, der sich selbst hasst. Und fast jeder Mensch auf dieser unglücklichen Welt hasst sich selbst, verurteilt sich selbst. Wie könntest du einen Menschen lieben, der sich selbst verurteilt? Er wird dir nicht glauben. Er kann sich selbst nicht lieben – wie kannst *du* es wagen? Er kann sich selbst nicht lieben – wie solltest *du* es können? Er wird ein falsches Spiel dahinter vermuten, einen Trick, eine List. Er wird argwöhnen, dass du versuchst, ihn im Namen der Liebe zu hintergehen. Er wird sehr vorsichtig und wachsam sein, und sein Argwohn wird dich vergiften. Wenn du einen Menschen liebst, der sich selbst hasst, versuchst du, sein Selbstkonzept zu zerstören. Und niemand lässt gern sein Selbstkonzept los; es verkörpert die eigene Identität. Der andere wird anfangen, mit dir zu kämpfen, um dir zu beweisen, dass er Recht hat und du Unrecht hast.

Wie könntest du einen Menschen lieben, der sich selbst verurteilt? Er wird dir nicht glauben. Er kann sich selbst nicht lieben – wie kannst du *es wagen?*

Das ist es, was in jeder Liebesbeziehung geschieht – oder lasst mich besser sagen, in jeder so genannten Liebesbeziehung. Es geschieht zwischen Liebenden, zwischen Ehegatten, zwischen Mann und Frau. Wie könnte man das Selbstkonzept des anderen zerstören? Es ist seine Identität, sein Ego, die Art und Weise, wie er sich selbst kennt. Wenn man ihm das wegnimmt, weiß der andere nicht mehr, wer er ist. Das ist zu riskant; er kann sein Konzept nicht so leicht fallen lassen. Er wird dir also beweisen, dass er deine Liebe nicht wert ist; dass er nur wert ist, gehasst zu werden. Und das Gleiche gilt auch für dich. Auch du hasst dich selbst; du kannst niemand anderem erlauben, dich zu lieben. Immer wenn jemand dich mit liebevoller Energie umgibt, schrumpfst du, möchtest du fliehen, hast du Angst. Du weißt ganz genau, dass du diese Liebe nicht wert bist, dass du nur an der Oberfläche gut und schön aussiehst, dass du tief darunter hässlich bist. Und wenn du diesem anderen Menschen erlaubst, dich zu lieben, wird er früher oder später – und eher früher als später – erkennen, wer du in Wirklichkeit bist.

Wie lange wird es dir gelingen, jemandem etwas vorzumachen, mit dem du in Liebe zusammenleben musst? Auf dem Marktplatz kannst du anderen etwas vormachen, im Lions Club und im Rotary Club – dort kannst du lächeln, immer nur lächeln. Dort kannst du eine wunderbare Vorstellung geben und deine Rolle spielen. Doch wenn du mit einer Frau oder einem Mann 24 Stunden am Tag zusammenlebst, wird es mühsam, immer nur zu lächeln und zu lächeln und zu lächeln. Dann ermüdet dich das Lächeln, denn es ist unecht. Es ist nur ein Verziehen der Lippen, und die Lippen sind irgendwann erschöpft. Wie kannst du immer weiter liebevoll sein? Deine Bitterkeit wird an die Oberfläche kommen. Deshalb ist am Ende der Flitterwochen bereits alles vorbei. Beide kennen jetzt die Realität des anderen, beide haben die Unechtheit des anderen erkannt, die Falschheit.

Jeder hat Angst, Intimität zuzulassen. Intimität bedeutet, die Rolle beiseite zu legen. Und du weißt, was du darunter bist: Du bist wertlos, du bist Dreck; das ist es, was dir von Anfang an gesagt wurde. Deine Eltern, deine Lehrer, deine Priester, deine Politiker – sie alle haben dir gesagt, dass du bloß Dreck bist, wertlos. Niemand hat dich jemals akzeptiert. Niemand hat dir das Gefühl gegeben, dass du geliebt und geachtet wirst, dass du gebraucht wirst – dass du in dieser Existenz fehlen würdest, dass sie ohne dich nicht dieselbe wäre, dass ohne dich ein Loch entstehen würde. Ohne dich würde das Universum etwas von seiner Poesie verlieren, etwas von seiner Schönheit: Ein Lied würde fehlen, eine Note würde fehlen, es entstünde eine Lücke – niemand hat dir das jemals gesagt.

❧

Ohne dich würde das Universum etwas von seiner Poesie verlieren, etwas von seiner Schönheit: Ein Lied würde fehlen, eine Note würde fehlen, es entstünde eine Lücke – niemand hat dir das jemals gesagt.

❧

Das ist meine Arbeit hier: das Misstrauen euch selbst gegenüber zu beseitigen, das man in euch erzeugt hat, all die Verurteilungen aufzulösen, die euch eingeimpft wurden, euch das Gefühl zu geben, dass ihr geliebt und geachtet werdet, geliebt von der Existenz. Gott hat euch erschaffen, weil er euch liebt. Er liebt euch so sehr, dass er der Versuchung nicht widerstehen konnte, euch zu erschaffen.

Wenn ein Maler malt, malt er, weil er liebt. Vincent van Gogh hat sein ganzes Leben lang ständig die Sonne gemalt, weil er die Sonne so sehr liebte. Tatsächlich war es die Sonne, die ihn in den Wahnsinn trieb. Ein Jahr lang stand er ununterbrochen in der heißen Sonne und malte. Sein ganzes Leben drehte sich nur noch um die Sonne. Und an dem Tag, als er zufrieden war, als er das Gemälde gemalt hatte, das er immer hatte malen wollen – und um dieses Bild zu malen, hatte er viele andere gemalt, mit denen er nicht zufrieden gewesen war –, an dem Tag, als er zufrieden war, an dem Tag, an dem er sagen konnte: »Ja, das war es, was ich immer malen wollte«, an diesem Tag beging er Selbstmord, denn er sagte: »Meine Aufgabe ist erledigt. Ich habe getan, was ich zu tun hatte. Mein Schicksal ist erfüllt, es wäre sinnlos weiterzuleben.«

Sein ganzes Leben Hingabe an ein bestimmtes Gemälde? Er muss wahnsinnig in die Sonne verliebt gewesen sein. Er blickte so lange in die Sonne, dass sie seine Augen blendete, seine Sicht zerstörte, ihn in den Wahnsinn trieb.

Wenn ein Dichter ein Gedicht schreibt, tut er das, weil er es liebt. Gott hat dich gemalt, gesungen, getanzt. Gott liebt dich! Wenn du mit dem Wort *Gott* keine Bedeutung verbindest, mach dir keine Sorgen. Sprich stattdessen vom Leben, vom Ganzen. Das Leben liebt dich, sonst wärst du nicht hier.

Entspanne dich in dein Sein, denn du wirst vom Ganzen geliebt. Das ist der Grund, warum das Ganze in dir weiteratmet, weiterpulsiert. Sobald du anfängst, die enorme Achtung und Liebe und das Vertrauen des Ganzen zu spüren, fängst du an, Wurzeln in dein Sein hineinzuschlagen. Dann wirst du dir selbst vertrauen. Und erst dann kannst du mir vertrauen, erst dann kannst du deinen

Freunden vertrauen, deinen Kindern, deinem Mann, deiner Frau. Erst dann kannst du den Bäumen und den Tieren und den Sternen und dem Mond vertrauen. Dann lebst du einfach Vertrauen. Es ist keine Frage mehr, ob du dem einen oder dem anderen vertraust; du vertraust einfach. Und zu vertrauen bedeutet, religiös zu sein.

Das ist es, worum es bei *sannyas* geht. *Sannyas* bedeutet, alles wieder rückgängig zu machen, was die Gesellschaft gemacht hat. Es ist kein Zufall, dass die Priester gegen mich sind, dass die Politiker gegen mich sind, dass die Eltern gegen mich sind, dass das ganze Establishment gegen mich ist; all das ist kein Zufall. Ich kann die absolut klare Logik dahinter erkennen. Ich versuche, rückgängig zu machen, was sie gemacht haben. Ich sabotiere das ganze Muster dieser Sklavengesellschaft.

Meine Anstrengung geht dahin, Rebellen zu erzeugen, und der Anfang der Rebellion besteht darin, sich selbst zu vertrauen. Wenn ich euch dazu bringen kann, euch selbst zu vertrauen, habe ich euch bereits geholfen. Nichts anderes ist nötig; alles andere folgt danach von selbst.

Intimität mit anderen: Die nächsten Schritte

Wenn zwei Liebende wirklich offen füreinander sind, wenn sie keine Angst voreinander haben und nichts voreinander verbergen, herrscht zwischen ihnen Intimität. Wenn sie alles zueinander sagen können, ohne Angst haben zu müssen, dass der andere verärgert oder verletzt sein könnte ... Wenn ein Liebender befürchtet, dass der andere verärgert sein könnte, ist die Intimität noch nicht tief genug. Dann ist es nur eine Art Abmachung, die schon durch die geringste Kleinigkeit gebrochen werden kann. Doch wenn zwei Liebende anfangen zu fühlen, dass es nichts zu verbergen gibt und alles gesagt werden kann, und wenn das Vertrauen so tief geworden ist, dass sie einander auch ohne Worte verstehen, dann fangen sie an, eins zu werden.

Zeige dich

Das Leben ist eine Pilgerschaft, und solange man nicht zur Liebe gefunden hat, bleibt es eine Pilgerschaft, die nirgendwo hinführt. Man bewegt sich immer nur im Kreis, und niemals kommt der Augenblick der Erfüllung, in dem man sagen könnte: »Jetzt bin ich angekommen. Ich bin zu dem geworden, was ich werden wollte. Der Same ist zur Blüte geworden und hat sich erfüllt.« Liebe ist das Ziel, und das Leben ist die Reise. Und eine Reise ohne Ziel muss einfach neurotisch sein, muss aufs Geratewohl verlaufen; sie hat einfach keine Richtung. An einem Tag geht man nach Norden, am nächsten geht man nach Süden; es bleibt dem Zufall überlassen, und jede Kleinigkeit kann in eine neue Richtung führen. Man bleibt Treibholz, solange das Ziel nicht klar ist. Es kann ein sehr ferner Stern sein – das ist nicht von Bedeutung –, doch es sollte klar sein. Es spielt keine Rolle, ob das Ziel weit entfernt ist, doch es sollte vorhanden sein.

Wenn die Augen auf das Ziel gerichtet bleiben können, ist selbst eine Reise von 10 000 Meilen keine lange Reise. Wenn man sich in die richtige Richtung bewegt, ist auch die längste Reise kein großes Problem. Doch wenn man sich in die falsche Richtung bewegt oder sich in überhaupt keine Richtung bewegt oder sich in alle Richtungen gleichzeitig bewegt, dann beginnt das Leben zusammenzubrechen. Das ist das Wesen einer Neurose – ein Zusammenbruch der Energie, wenn man nicht weiß, wohin man gehen soll, was man tun soll, wer man sein soll. Wenn man nicht weiß, wohin man gehen soll, worum es eigentlich geht, bleibt im Innern eine Lücke, eine Wunde, ein dunkles Loch, und ständig wird Angst daraus hervorquellen. Das ist der Grund, warum die Menschen in Angst leben. Sie verbergen es vielleicht, sie decken es zu, sie zeigen es niemandem, doch sie leben in ständiger Angst. Das ist der Grund, warum die Menschen so viel Angst davor haben, Intimität mit anderen zuzulassen – der andere könnte ja das schwarze Loch im eigenen Innern sehen, wenn man ihm erlaubt, zu nahe zu kommen.

Das Wort Intimität stammt von der lateinischen Wurzel *intimum*, die »das Innerste« bedeutet, der innerste Kern. Solange du dort nichts besitzt, kannst du keine Intimität mit anderen zulassen. Du kannst keine Intimität erlauben, weil die anderen das Loch sehen würden, die Wunde und den Eiter, der daraus hervorquillt. Sie würden sehen, dass du nicht weißt, wer du bist, dass du verrückt bist, dass du nicht weißt, wohin du eigentlich gehst. Dass du dein eigenes Lied noch nicht vernommen hast, dass dein Leben ein Chaos ist, kein Kosmos. Daher die Angst vor Intimität.

Selbst Liebende lassen nur selten wirkliche Intimität zu. Und nur eine sexuelle Beziehung zu jemandem zu haben ist noch keine Intimität – der genitale Orgasmus ist nicht alles, was Intimität ausmacht, er ist nur die Oberfläche, nur die Peripherie. Intimität kann mit ihm, aber auch ohne ihn existieren. Bei Intimität handelt es sich um eine vollkommen andere Dimension. Sie bedeutet, dem anderen zu erlauben, in dich einzudringen und dich so zu sehen, wie du dich selbst siehst – zuzulassen, dass der andere dich von innen sieht, jemand anderen in den tiefsten Kern deines Wesens einzuladen. In unserer modernen Welt ist Intimität mehr und mehr am Verschwinden. Selbst zwischen Liebenden gibt es keine Intimität mehr. Freundschaft ist nur noch ein Wort; sie ist verschwunden. Und die Ursache? Die Ursache dafür ist, dass es nichts zu teilen gibt. Wer möchte schon seine innere Armut zeigen? Man möchte doch so tun, als sei man reich, als habe man es geschafft, als wüsste man, was man tut und wohin man geht.

Bei Intimität handelt es sich um eine vollkommen andere Dimension. Sie bedeutet, dem anderen zu erlauben, in dich einzudringen und dich so zu sehen, wie du dich selbst siehst – zuzulassen, dass der andere dich von innen sieht, jemand anderen in den tiefsten Kern deines Wesens einzuladen.

Niemand ist bereit, niemand ist mutig genug, sich zu öffnen, sein inneres Chaos zu zeigen und sich verwundbar zu machen. Der andere könnte es ja ausnutzen; diese Angst ist immer da. Der andere könnte zu dominant werden, wenn er sieht, welches Chaos in dir herrscht. Wenn er sieht, dass du einen Meister brauchst, dass du nicht dein eigener Meister bist, könnte der andere dein Meister werden. Daher versucht jeder, sich zu schützen, damit niemand von dieser inneren Hilflosigkeit erfährt, denn sonst könnte diese ja ausgenutzt werden. Es gibt so viel Ausbeutung in der heutigen Welt.

Liebe ist das Ziel. Und sobald das Ziel klar ist, beginnt man einen inneren Reichtum zu entwickeln. Die Wunde verschwindet und wird zu einem Lotus; die Wunde verwandelt sich in einen Lotus. Das ist das Wunder der Liebe, die Magie der Liebe. Liebe ist die stärkste alchemistische Macht der Welt. All jene, die wissen, wie man sie nutzt, können den höchsten Gipfel erreichen, den man Gott nennt. Jene, die nicht wissen, wie man sie nutzt, kriechen weiter in den dunklen Winkeln der Existenz herum; sie werden niemals die sonnenbeschienenen Gipfel des Lebens erreichen.

Das Bedürfnis nach Privatsphäre

Jedes Wesen hat zwei Seiten, die äußere und die innere. Die äußere kann öffentlich sein, die innere jedoch nicht. Wenn man die innere öffentlich macht, verliert man seine Seele, verliert man sein ursprüngliches Gesicht. Dann lebt man so, als hätte man kein inneres Wesen. Das Leben wird eintönig, sinnlos. Das ist es, was Menschen passiert, die ein öffentliches Leben führen – Politikern, Schauspielern. Sie werden zu öffentlichen Figuren und verlieren vollständig ihr inneres Wesen; sie wissen nicht mehr, wer sie sind, abgesehen von dem, was die Öffentlichkeit über sie sagt. Sie hängen von der Meinung anderer ab; sie haben kein Gefühl mehr für sich selbst.

Eine der berühmtesten Schauspielerinnen, Marilyn Monroe, beging Selbstmord, und viele Psychoanalytiker haben sich über die Ursache Gedanken gemacht. Sie war eine der schönsten Frauen der Welt, und eine der erfolgreichsten. Selbst der Präsident der Vereinigten Staaten, John F. Kennedy, war in sie verliebt, und Millionen von

Menschen verehrten sie. Man kann sich nicht vorstellen, wie jemand noch mehr haben könnte. Sie hatte alles.

Doch sie war eine öffentliche Figur, und sie wusste es. Selbst noch in ihrem Schlafzimmer sprach sie Kennedy, wenn er bei ihr war, mit »Mr. President« an – als ginge sie nicht mit einem Mann, sondern mit einer Institution ins Bett.

Sie war eine Institution. Nach und nach wurde ihr bewusst, dass sie nichts Privates mehr hatte. Einmal hatte sie gerade für einen Kalender Modell gestanden, als jemand sie fragte: »Hatten Sie etwas an, als Sie für den Kalender Modell standen?«

Und sie antwortete: »Ja, ich hatte etwas an – das Radio.«

Exponiert, nackt, ohne privates Selbst. Ich habe das Gefühl, dass sie Selbstmord beging, weil das das Einzige war, was ihr an Privatem geblieben war. Alles andere war öffentlich; das war das Einzige, was sie allein, ganz für sich tun konnte, etwas vollkommen Intimes und Geheimes. Öffentliche Figuren sind immer versucht, Selbstmord zu begehen, denn nur durch Selbstmord können sie ein Gefühl dafür bekommen, wer sie eigentlich sind.

❧

Ich habe das Gefühl, dass Marilyn Monroe Selbstmord beging, weil das das Einzige war, was ihr an Privatem geblieben war. Alles andere war öffentlich; das war das Einzige, was sie allein, ganz für sich tun konnte.

❧

Alles Schöne findet sich im Innern, und das Innere bedeutet Privatheit. Habt ihr schon einmal Frauen bei der Liebe beobachtet? Sie schließen immer die Augen. Sie verstehen etwas davon. Ein Mann lässt bei der Liebe die Augen offen; er bleibt ein Beobachter. Er ist nicht vollkommen in den Akt versunken; er ist nicht total involviert. Er bleibt ein Voyeur, so als würde ein anderer handeln und er würde nur zuschauen, so als würde er das Liebesspiel im Fernsehen oder auf der Filmleinwand sehen. Doch eine Frau weiß es besser, weil sie mehr auf das Innere eingestimmt ist. Sie schließt immer die Augen. Dann besitzt die Liebe einen vollkommen anderen Duft.

Mach einmal Folgendes: Lass nachts die Badewanne einlaufen, und dann mach das Licht aus und wieder an. Wenn es dunkel ist, kannst du das Wasser deutlicher hören, der Klang ist klarer. Wenn das Licht an ist, ist der Klang nicht so klar. Was passiert in der Dunkelheit? In der Dunkelheit verschwindet alles andere, weil man nichts sieht. Nur man selbst und der Klang sind noch da. Aus diesem Grund vermeiden gute Restaurants grelles Licht und verwenden Kerzen zur Beleuchtung. Mit Kerzen als Beleuchtung ist der Geschmack intensiver – man isst besser, und man schmeckt mehr. Das Aroma umgibt einen. Wenn das Licht zu hell ist, verschwindet der Geschmack. Die Augen machen alles öffentlich.

Im allerersten Satz seiner *Metaphysik* behauptet Aristoteles, das Sehvermögen sei der höchste Sinn des Menschen. Das ist er nicht – tatsächlich ist das Sehen viel zu dominant geworden. Es hat das ganze Selbst monopolisiert und alle anderen Sinne zerstört. Plato, Aristoteles' Lehrer, sagte, dass es eine Hierarchie der Sinne gebe – mit dem Gesichtssinn zuoberst und dem Tastsinn zuunterst. Das ist vollkommen falsch. Es gibt keine Hierarchie. Alle Sinne befinden sich auf derselben Ebene, und es sollte keine Hierarchie geben.

Doch ihr lebt über die Augen: 80 Prozent eures Lebens ist an den Augen orientiert. Das sollte nicht so sein; das Gleichgewicht sollte wieder hergestellt werden. Ihr solltet auch den Tastsinn einsetzen, denn Berührung gibt etwas, das die Augen nicht geben können. Probiert es einmal aus, versucht einmal, die Frau, die ihr liebt, oder den Mann, den ihr liebt, in hellem Licht zu berühren, und dann in der Dunkelheit. In der Dunkelheit enthüllt sich der Körper; im Licht verbirgt er sich.

80 Prozent eures Lebens ist an den Augen orientiert. Das sollte nicht so sein; das Gleichgewicht sollte wieder hergestellt werden. Ihr solltet auch den Tastsinn einsetzen, denn Berührung gibt etwas, das die Augen nicht geben können.

Habt ihr schon einmal Renoirs Bilder weiblicher Körper gesehen? Sie haben etwas Wunderbares an sich. Viele Maler haben den weiblichen Körper gemalt, doch es gibt keinen Vergleich zu Renoir. Was ist der Unterschied? Alle anderen Maler haben den weiblichen Körper gemalt, wie er für die Augen aussieht. Renoir hat ihn gemalt, wie er sich für die Hände anfühlt; deshalb besitzen seine Bilder eine besondere Wärme und Nähe, eine Lebendigkeit.

Wenn man berührt, geschieht etwas ganz in der Nähe. Wenn man sieht, ist etwas weit entfernt. Im Dunkeln, im Geheimen, im Privaten enthüllt sich etwas, das in der Öffentlichkeit, auf dem Marktplatz, nicht enthüllt werden kann. Andere schauen zu und beobachten; und etwas tief in dir zieht sich zurück und kann nicht erblühen. Es ist so, als würde man Samen offen auf den Boden legen, sodass alle sie sehen können. Doch so werden sie niemals keimen. Sie müssen tief in den Schoß der Erde gelangen, in tiefe Dunkelheit, wo niemand sie sehen kann. Dort beginnen sie zu keimen, und ein großer Baum wird geboren.

So wie Samen die Dunkelheit und Abgeschlossenheit der Erde brauchen, finden auch alle Beziehungen, die tief und intim sind, im Innern statt. Sie brauchen eine Privatsphäre, sie brauchen einen Platz, an dem es nur zwei gibt. Dann kommt ein Augenblick, in dem selbst die zwei sich auflösen und eins werden.

So wie Samen die Dunkelheit und Abgeschlossenheit der Erde brauchen, finden auch alle Beziehungen, die tief und intim sind, im Innern statt. Sie brauchen eine Privatsphäre, sie brauchen einen Platz, an dem es nur zwei gibt.

Zwei Liebende, die tief aufeinander eingestimmt sind, lösen sich auf und werden eins. Sie atmen zusammen, sie sind zusammen; es gibt ein gemeinsames Sein. Das wäre nicht möglich, wenn Beobachter zugegen wären. Sie wären niemals imstande loszulassen, wenn andere zusehen. Die Augen der anderen würden zu Hindernissen. Alles, was schön ist, alles, was tief ist, geschieht also im Dunkeln.

Menschliche Beziehungen brauchen eine Privatsphäre. Verschwiegenheit hat durchaus ihre Berechtigung. Denkt daran, und denkt auch immer daran, dass es sehr dumm wäre, euer Leben vollkommen öffentlich zu machen. Es wäre so, als würde jemand seine Taschen nach außen stülpen. Das wäre euer Zustand – wie nach außen gestülpte Taschen. Es ist nicht falsch, nach außen orientiert zu sein, doch denkt daran, dass das nur ein Teil des Lebens ist. Es sollte nicht das Ganze werden.

Ich sage damit nicht, dass ihr für immer im Dunkeln bleiben sollt. Licht hat seine eigene Schönheit und seine eigene Berechtigung. Wenn der Samen für immer und ewig in der Dunkelheit bliebe und niemals an die Oberfläche käme, um die Morgensonne aufzunehmen, wäre er tot. Er muss sich in die Dunkelheit begeben, um zu keimen, um Kraft zu sammeln, um vital zu werden, um wieder geboren zu werden; doch dann muss er hervorkommen und sich der Welt und dem Licht und den Stürmen und Regenfällen aussetzen. Er muss die Herausforderung des Außen annehmen. Doch diese Herausforderung kann man nur annehmen, wenn man tief im Innern verwurzelt ist.

Ich sage nicht, dass ihr aus der Wirklichkeit fliehen sollt. Ich sage nicht, dass ihr die Augen schließen, nach innen gehen und niemals wieder herauskommen sollt. Ich sage einfach nur, dass ihr nach innen gehen sollt, damit ihr mit Energie, mit Liebe, mit Mitgefühl wieder hervorkommen könnt. Geht nach innen, damit ihr Könige seid, wenn ihr wieder hervorkommt, und keine Bettler mehr. Geht nach innen, damit ihr etwas zu verschenken habt, wenn ihr wieder hervorkommt – eure Blüten, eure Blätter. Geht nach innen, damit euer Hervorkommen reicher wird und nicht verarmt. Und denkt immer daran, wenn ihr euch erschöpft fühlt, dass sich die Quelle der Energie im Innern befindet. Schließt die Augen und geht nach innen.

Baut äußere Beziehungen auf, doch baut auch innere Beziehungen auf. Natürlich werdet ihr äußere Beziehungen haben – ihr bewegt euch in der Welt, und ihr habt Arbeits- und Geschäftsbeziehungen –, doch das sollte nicht alles sein. Sie spielen eine Rolle, doch es muss auch etwas vollkommen Geheimes und Privates geben, etwas, das ihr euer Eigen nennen könnt.

Das war es, was Marilyn Monroe fehlte. Sie war eine öffentliche Frau, sie war erfolgreich und hat doch völlig versagt. Als sie auf dem Gipfel ihres Erfolgs und ihres Ruhmes stand, beging sie Selbstmord. Warum sie Selbstmord beging, ist ein Rätsel geblieben. Sie hatte alles im Leben; man könnte sich nicht mehr Ruhm, mehr Erfolg, mehr Charisma, mehr Schönheit, mehr Gesundheit vorstellen. Alles war da, nichts hätte sich verbessern lassen, und doch fehlte etwas. Das Innere war leer. Dann ist Selbstmord der einzige Ausweg.

Ihr seid vielleicht nicht mutig genug, einen Selbstmord wie Marilyn Monroe zu begehen. Ihr seid vielleicht sehr feige und begeht einen langsamen Selbstmord – vielleicht braucht ihr sogar 70 Jahre dafür –, und doch ist es ein Selbstmord. Solange ihr nichts in eurem Inneren habt, das von nichts Äußerem abhängt, das nur euer Eigenes ist – eine eigene Welt, ein eigener Raum, in den ihr gehen könnt und in dem ihr vergessen könnt, dass irgendetwas anderes existiert –, so lange begeht ihr Selbstmord.

Das Leben entsteht aus dieser inneren Quelle und wächst von dort aus nach außen in den Himmel. Es muss ein Gleichgewicht geben – ich bin immer für Gleichgewicht. Deshalb sage ich nicht, dass euer Leben ein offenes Buch sein sollte, nein, keineswegs. Ein paar Kapitel sollten offen sein, in Ordnung. Und einige Kapitel sollten vollkommen verschlossen sein, ein vollkommenes Geheimnis. Wenn ihr nur ein offenes Buch seid, seid ihr wie eine Prostituierte, die nackt auf dem Marktplatz steht, nur das Radio an. Nein, das wäre nicht gut.

Deshalb sage ich nicht, dass euer Leben ein offenes Buch sein sollte, nein, keineswegs. Ein paar Kapitel sollten offen sein, in Ordnung. Und einige Kapitel sollten vollkommen verschlossen sein, ein vollkommenes Geheimnis.

Wenn dein ganzes Buch offen ist, bist du wie ein Tag ohne Nacht, wie ein Sommer ohne Winter. Wo kannst du dich ausruhen, wo kannst du dich zentrieren, wohin kannst du dich flüchten? Wohin gehst du, wenn die Welt dir zu viel wird? Wohin gehst du, um zu beten und zu meditieren? Nein, zeig nur die Hälfte, das ist perfekt. Lass die Hälfte deines Buches offen sein – offen für jedermann, verfügbar für jedermann –, und lass die andere Hälfte deines Buches so geheim sein, dass nur wenige Gäste dort Zutritt haben.

Nur selten darf jemand deinen inneren Tempel betreten. So sollte es sein. Würden die Massen hindurchströmen, wäre der Tempel kein Tempel mehr. Dann wäre er vielleicht ein Warteraum im Flughafen, aber er könnte kein Tempel mehr sein. Nur selten, sehr selten, erlaubst du jemand anderem, dein Selbst zu betreten. Das ist es, was Liebe bedeutet.

Wir haben immer mit anderen zusammengelebt. Von dem Augenblick an, in dem das Kind den Schoß der Mutter verlässt, ist es nie mehr allein – es ist mit der Mutter zusammen, mit der Familie, mit Freunden, mit anderen Menschen. Der Kreis von Bekanntschaften, Freundschaften, Beziehungen wird immer größer und größer, und langsam sammelt sich eine ganze Menschenmenge rund um den Einzelnen an. Das ist es, was wir Leben nennen. Und je mehr Menschen sich in deinem Leben befinden, desto reicher kommt es dir vor.

Wenn man anfängt, nach innen zu gehen, verschwinden all diese Gesichter, löst sich diese Menschenmenge auf. Man muss sich von allen verabschieden, selbst vom engsten Freund, selbst von der Geliebten muss man Abschied nehmen. Es kommt ein Punkt, an dem selbst dein Geliebter, deine Geliebte nicht mehr bei dir sein kann. Das ist der Augenblick, in dem du wieder jenen Raum betrittst, in dem du dich im Schoß deiner Mutter befunden hast. Doch damals hast du die Menschenmenge noch nicht gekannt, deshalb hast du dich nie allein gefühlt. Das Kind war vollkommen glücklich im Schoß der Mutter, weil es keinen Vergleich hatte, alles war reine Freude.

Weil es nie irgendwelche anderen Menschen gekannt hatte, konnte es sich nicht einsam oder allein fühlen – es hatte keine Vorstellung davon. Es lebte in der einzigen Realität, die es kannte.

Doch nun kennst du die Menge, kennst Beziehungen, kennst die Freuden und Leiden von Beziehungen, kennst beide Seiten – und beide sind da. Wenn du jetzt wieder nach innen gehst, beginnt die Welt zu verschwinden, wird wie ein Echo, und bald ist selbst das Echo verschwunden, und du bist vollkommen verloren. Doch das ist nur eine Interpretation. Wenn du dann nur noch ein bisschen mehr nach innen gehen kannst, wirst du plötzlich dich selbst finden – und wirst dich damit zum ersten Mal finden. Dann wirst du überrascht feststellen: In der Menschenmenge warst du verloren; jetzt bist du nicht mehr verloren. Im Dschungel der Beziehungen warst du verloren, doch jetzt bist du nach Hause gekommen. Dann kannst du wieder hinaus in die Welt gehen, doch du wirst ein vollkommen anderer Mensch sein.

Du wirst mit anderen in Beziehung treten, doch du wirst nicht von ihnen abhängig sein; du wirst lieben, doch deine Liebe wird ohne Bedürfnisse sein. Du wirst lieben, ohne besitzen zu müssen; du wirst lieben, ohne eifersüchtig zu sein. Und wenn Liebe ohne Eifersucht ist, ohne Besitzstreben, ist sie göttlich. Du wirst mit anderen Menschen zusammen sein. Tatsächlich kannst du erst jetzt wirklich mit anderen Menschen zusammen sein, weil du jetzt *bist*; jetzt kannst du auch mit anderen sein. Zuerst warst du überhaupt nicht, sodass die Vorstellung, mit anderen zusammen zu sein, nur eine Illusion war, eine Art Traum.

Solange du nicht *bist*, wie könntest du dich da beziehen? Solange du nicht *bist*, wie könntest du da mit jemand anderem zusammen sein? Es ist eine reine Fiktion, die wir uns da erschaffen; es ist eine Täuschung.

Solange du nicht zentriert bist, solange du nicht weißt,

wer du bist, kannst du nicht wirklich in Beziehung treten. Eine Beziehung ohne Selbsterkenntnis ist nur Illusion. Der andere denkt, er ist mit dir in Beziehung, du denkst, du bist mit ihm in Beziehung; doch weder kennst du dich selbst, noch kennt der andere sich selbst. Wer ist also hier in Beziehung mit wem? Da ist überhaupt niemand! Nur zwei Schatten, die ein Spiel miteinander spielen. Und weil beide Schatten sind, hat die Beziehung keine Substanz. Das ist es, was ich ständig beobachte: Die Menschen treten in Beziehung miteinander, doch es ist nichts Substanzielles vorhanden. Sie treten in Beziehung, weil sie Angst haben, dass sie sich einsam und verloren fühlen, wenn sie nicht in Beziehung sind; also laufen sie los und stürzen sich in Beziehungen. Jede Art von Beziehung ist besser als keine Beziehung; selbst wenn es sich um Feindschaft handelt, ist es in Ordnung; man fühlt sich wenigstens beschäftigt. Eure so genannte Liebe ist nichts anderes als eine Art Feindschaft, eine höfliche Art, zu kämpfen, zu streiten, zu kritisieren, zu dominieren, eine zivilisierte Art, sich gegenseitig zu quälen.

❧

Solange du nicht zentriert bist, solange du nicht weißt, wer du bist, kannst du nicht wirklich in Beziehung treten. Eine Beziehung ohne Selbsterkenntnis ist nur Illusion.

❧

Man muss sich also zuerst in diesen Raum begeben. Fasst Mut und geht hinein. Selbst wenn es sich sehr traurig und sehr einsam anfühlt, gibt es nichts, worüber ihr euch beunruhigen müsstet; diesen Preis muss man einfach bezahlen. Und sobald ihr die Quelle erreicht habt, wird sich das Ganze vollkommen verändern, und ihr werdet als Individuum daraus hervorkommen. Das ist der Unterschied, den ich zwischen einem Individuum und einer

Person mache: Die Person ist ein unechtes Phänomen, das Individuum ist real. Personen, Persönlichkeiten, sind Masken, sind Schatten; Individualität besitzt Substanz, besitzt Realität. Und nur Individuen können in Beziehung treten, können lieben – Personen können nur Spiele spielen.

Bezogenheit statt Beziehung

Liebe ist ein Bewusstseinszustand, in dem man voller Freude ist, bei dem das ganze Wesen tanzt. Etwas beginnt zu vibrieren, etwas beginnt vom inneren Zentrum nach außen zu strahlen, etwas beginnt rundherum zu pulsieren. Es beginnt andere Menschen zu erreichen: Es kann Frauen erreichen, es kann Männer erreichen, es kann auch Steine und Bäume und Sterne erreichen.

Wenn ich von Liebe spreche, spreche ich immer von dieser Art von Liebe: einer Liebe, die keine Beziehung, sondern ein Seinszustand ist. Denkt immer daran: Wenn ich das Wort *Liebe* gebrauche, meine ich es als Seinszustand, nicht als Beziehung. Beziehung ist nur ein ganz kleiner Aspekt davon. Doch eure Vorstellung von Liebe beschränkt sich im Grunde immer auf Beziehung, als ob das alles wäre.

Beziehungen braucht es nur, weil ihr nicht allein sein könnt, weil ihr noch nicht fähig seid zu meditieren. Daher ist Meditation ein Muss, bevor ihr wirklich lieben könnt. Man sollte fähig sein, allein zu sein, vollkommen allein, und doch vollkommen glückselig. Dann kann man lieben. Dann ist diese Liebe kein Bedürfnis mehr, sondern ein Teilen, dann ist sie keine Notwendigkeit mehr. Dann ist man nicht mehr von den Menschen abhängig, die man liebt. Dann teilt man mit anderen – und Teilen ist wundervoll.

❧

Beziehungen braucht es nur, weil ihr nicht allein sein könnt, weil ihr noch nicht fähig seid zu meditieren. Daher ist Meditation ein Muss, bevor ihr wirklich lieben könnt.

❧

Doch was gewöhnlich in der Welt geschieht, ist Folgendes: Du selbst trägst keine Liebe in dir; der Mensch, von dem du glaubst, dass du ihn liebst, trägt ebenfalls keine Liebe in sich, doch beide wollt ihr Liebe voneinander. Zwei Bettler, die sich gegenseitig anbetteln! Daher der Kampf, der Konflikt, der ständige Streit zwischen Liebenden – um Kleinigkeiten, um unbedeutende Dinge, um idiotische Dinge! Doch sie streiten immer weiter.

Der grundlegende Streit ist der, dass der Mann der Ansicht ist, dass er nicht bekommt, worauf er ein Recht hat, und die Frau ebenfalls der Ansicht ist, dass sie nicht bekommt, worauf sie ein Recht hat. Die Frau denkt, dass sie betrogen wurde, und der Mann denkt ebenfalls, dass er betrogen wurde. Wo bleibt da die Liebe? Keiner bemüht sich zu geben, jeder möchte nur bekommen. Und wenn jeder nur bekommen möchte, bekommt keiner etwas, und jeder fühlt nur einen Verlust, fühlt sich leer, fühlt sich angespannt.

Die fundamentale Grundlage fehlt, ihr habt den Tempel ohne Fundament erbaut. Er kann jeden Moment einstürzen und zusammenbrechen. Und ihr wisst, wie oft eure Liebe schon eingebrochen ist, und doch macht ihr immer und immer wieder dasselbe.

Ihr lebt in solcher Unbewusstheit! Ihr seht einfach nicht, was ihr aus eurem eigenen Leben und dem Leben anderer gemacht habt. Ihr wiederholt immer weiter mechanisch, wie ein Roboter, das alte Muster, obwohl ihr genau wisst, dass ihr das schon öfter gemacht habt. Und ihr wisst, was das Ergebnis war, und im tiefsten Innern wisst ihr auch, dass es wieder ganz genauso ablaufen wird – weil es keinen Unterschied gibt. Ihr bewegt euch auf dasselbe Ergebnis zu, auf denselben Zusammenbruch.

Wenn es etwas gibt, das ihr aus eurem Versagen in der Liebe lernen könnt, so ist es, bewusster zu werden, meditativer zu werden. Und mit Meditation meine ich die Fähigkeit, allein glücklich zu sein. Nur sehr wenige Menschen sind fähig, völlig grundlos glücklich zu sein – einfach nur still und glücklich dazusitzen! Andere würden sie für verrückt halten, denn die allgemeine Vorstellung von Glück ist, dass es von jemand anderem kommen muss. Man trifft eine schöne Frau und ist glücklich, oder man trifft einen attraktiven Mann und ist glücklich. Doch wenn jemand still in seinem Zimmer sitzt und vollkommen selig ist, vollkommen abgehoben vor Seligkeit? Der muss doch verrückt sein! Die Leute werden argwöhnen, dass er unter Drogen steht oder irgend so was.

Doch wenn jemand still in seinem Zimmer sitzt und vollkommen selig ist, vollkommen abgehoben vor Seligkeit? Der muss doch verrückt sein! Die Leute werden argwöhnen, dass er unter Drogen steht oder irgend so was.

Ja, Meditation ist das ultimative LSD! Sie setzt eure eigenen psychedelischen Kräfte frei. Sie setzt das Strahlen frei, das in euch eingeschlossen ist. Und dann seid ihr so voller Freude, so viel Freude steigt in eurem Wesen auf, dass ihr keine Beziehung mehr braucht. Und doch könnt ihr weiter auf andere Menschen bezogen sein … und das ist der Unterschied zwischen Bezogenheit und Beziehung.

Eine Beziehung ist ein Ding: Ihr klammert euch daran. Bezogenheit ist ein Fluss, eine Bewegung, ein Prozess. Du begegnest einem Menschen, du liebst, weil du so viel Liebe zu geben hast – und je mehr du gibst, desto mehr hast du. Sobald du diese seltsame Arithmetik der Liebe einmal verstanden hast – dass du umso mehr hast, je mehr du gibst ... Das steht vollkommen im Gegensatz zu den ökonomischen Gesetzen, die in der äußeren Welt gelten. Sobald du einmal weißt, dass du einfach nur geben und teilen musst, wenn du mehr Liebe und mehr Freude haben möchtest, wirst du einfach immer mehr geben. Und du wirst allen dankbar sein, die dir erlauben, deine Freude mit ihnen zu teilen. Doch das ist keine Beziehung; es ist ein Fließen wie bei einem Fluss.

❧

Eine Beziehung ist ein Ding: Ihr klammert euch daran. Bezogenheit ist ein Fluss, eine Bewegung, ein Prozess. Du begegnest einem Menschen, du liebst, weil du so viel Liebe zu geben hast – und je mehr du gibst, desto mehr hast du.

❧

Der Fluss strömt an einem Baum vorbei und sagt Hallo, nährt den Baum, schenkt ihm Wasser ... und bewegt sich weiter, tanzt weiter. Er klammert sich nicht an dem Baum fest. Und der Baum sagt nicht: »Wohin gehst du? Wir sind doch verheiratet! Und bevor du mich verlassen kannst, braucht es eine Scheidung – zumindest eine Trennung! Wohin gehst du? Und wenn du mich doch wieder verlassen wolltest, warum hast du dann so wunderbar mit mir getanzt? Warum hast du mich dann überhaupt genährt?« Nein, der Baum lässt voll tiefer Dankbarkeit seine Blüten auf den Fluss regnen, und der Fluss bewegt sich weiter. Der Wind kommt und tanzt um den Baum herum und bewegt sich weiter. Und der Baum schenkt dem Wind seinen Duft.

Das ist Bezogenheit. Wenn die Menschheit jemals erwachsen wird, reif wird, dann wird dies ihre Form von Liebe sein: Menschen, die sich treffen, miteinander teilen, sich weiterbewegen, nicht besitzergreifend, nicht dominierend. Sonst wird Liebe zum Machtspiel.

Riskiere es, aufrichtig zu sein

Keine Beziehung kann wirklich wachsen, wenn man sich immer zurückhält. Wenn man immer nur vorsichtig ist und sich schützt und bedeckt hält, treffen sich nur die Persönlichkeiten, und die Essenz, das Zentrum beider, bleibt allein. Dann treten nur die Masken miteinander in Beziehung, nicht die wirklichen Menschen. Wenn das geschieht, sind eigentlich vier Personen in Beziehung, nicht zwei. Zwei falsche Persönlichkeiten begegnen sich, und die zwei wahren Menschen sind Welten voneinander entfernt.

❧

Wenn man immer nur vorsichtig ist und sich schützt und bedeckt hält, treffen sich nur die Persönlichkeiten, und die Essenz, das Zentrum beider, bleibt allein. Dann treten nur die Masken miteinander in Beziehung, nicht die wirklichen Menschen.

❧

Es besteht natürlich ein Risiko – wenn man anfängt, aufrichtig zu sein, weiß man nicht, ob die Beziehung diese Wahrheit, diese Authentizität, verkraften kann, ob die Beziehung stark genug ist, den Sturm zu überstehen. Es besteht ein Risiko, und deswegen sind die Menschen sehr, sehr zurückhaltend. Sie sagen nur die Dinge, die man sagen sollte, sie tun nur die Dinge, die man tun sollte; Liebe wird mehr oder weniger zur Pflichtübung. Doch dann bleibt die Realität hungrig, und die Essenz wird nicht genährt. Die Essenz wird dabei immer trauriger und trostloser. Die Lügen der Persönlichkeit sind eine schwere Bürde für die Essenz, für die Seele. Das Risiko ist real, und es gibt keine Garantie, doch ich sage euch, dass es die Sache wert ist, das Risiko einzugehen.

Die Lügen der Persönlichkeit sind eine schwere Bürde für die Essenz, für die Seele. Das Risiko ist real, und es gibt keine Garantie, doch ich sage euch, dass es die Sache wert ist, das Risiko einzugehen.

Denn höchstens kann die Beziehung auseinander brechen – allerhöchstens. Doch es ist besser, getrennt und aufrichtig zu sein als unaufrichtig und zusammen, denn dann wird es niemals befriedigend sein. Niemals wird ein Segen daraus entstehen. Man wird hungrig und durstig bleiben, und man wird sich immer weiter dahinschleppen und darauf warten, dass ein Wunder geschieht.

Doch damit das Wunder geschieht, muss man etwas tun – man muss anfangen, aufrichtig zu sein. Auch auf das Risiko hin, dass die Beziehung vielleicht nicht stark genug ist und das nicht verträgt – die Wahrheit ist vielleicht zu viel, ist unerträglich –, doch dann ist diese Beziehung es nicht wert. Diesen Test gilt es also zu bestehen.

Riskiere alles für die Wahrheit, sonst wirst du immer unzufrieden bleiben. Du wirst viele Dinge tun, doch nichts wird wirklich geschehen. Du wirst viel bewegen, doch niemals wirst du wirklich ankommen. Es wird beinahe absurd wirken, so als wärst du hungrig und würdest nur über Essen fantasieren – wunderbare, köstliche Nahrung. Doch Fantasie ist nur Fantasie; sie ist nicht real. Unwirkliche Nahrung kann man nicht essen. Für ein paar Augenblicke kannst du dir vielleicht etwas vormachen, kannst du in einer Traumwelt leben, doch ein Traum kann dir nichts geben. Er wird dir viele Dinge nehmen und dir nichts dafür geben.

Die Zeit, die du damit verbringst, eine falsche Persönlichkeit zu leben, ist einfach verschwendet; sie wird dir nie mehr zur Verfügung stehen. Diese Augenblicke hätten auch real sein können, hätten authentisch sein können. Ein einziger authentischer Augenblick ist besser als ein langes, nicht authentisches Leben. Hab also keine Angst. Nur der Verstand wird dir sagen, dass du die anderen und dich selbst weiter schützen musst, dass du dich vorsehen musst. So leben Millionen von Menschen.

Freud schrieb in seinen letzten Lebenstagen in einem Brief an einen Freund, dass ihm, soweit er es in seinem Leben beobachten konnte – und er war wirklich ein genauer Beobachter; niemand anderer hat je so genau, so tiefgründig, so hartnäckig und so wissenschaftlich beobachtet –, eine Schlussfolgerung vollkommen sicher schien: dass Menschen nicht ohne Lügen leben können. Die Wahrheit ist gefährlich. Lügen sind nicht real, aber süß. Du sagst süße, nichts sagende Dinge zu deinem Geliebten, und er flüstert dir süße, nichts sagende Dinge ins Ohr. Und währenddessen schlüpft euch das Leben durch die Finger, und ihr nähert euch immer mehr dem Tod.

❧

Lügen sind nicht real, aber süß. Du sagst süße, nichts sagende Dinge zu deinem Geliebten, und er flüstert dir süße, nichts sagende Dinge ins Ohr. Und währenddessen schlüpft euch das Leben durch die Finger.

❧

Bevor der Tod kommt, denkt an eines: Man muss Liebe gelebt haben, bevor der Tod kommt. Sonst hat man umsonst gelebt, und das ganze Leben war sinnlos, eine Wüste. Bevor der Tod kommt, stelle sicher, dass es Liebe in deinem Leben gab. Doch das ist nur mit der Wahrheit möglich. Sei also aufrichtig. Riskiere alles für die Wahrheit, und gib die Wahrheit niemals für etwas anderes auf. Mache das zu deinem fundamentalen Gesetz: Selbst wenn ich mich opfern muss, selbst wenn ich mein Leben opfern muss, werde ich es für die Wahrheit opfern, doch niemals werde ich die Wahrheit für irgendetwas anderes opfern. Dann wirst du enormes Glück erfahren, und Segen, wie du ihn dir niemals hättest vorstellen können, wird dir zuteil werden.

Sobald du aufrichtig und wahr bist, wird alles andere möglich. Wenn du falsch bist – nur eine Fassade, ein angemaltes Ding, ein Gesicht, eine Maske –, ist nichts möglich. Denn für das Falsche geschieht nur das Falsche und für das Wahre nur das Wahre.

Ich verstehe das Problem, das Problem aller Liebenden, dass sie tief im Innern Angst haben. Sie fragen sich immer, ob die Beziehung stark genug ist, um die Wahrheit zu verkraften. Doch wie könnte man das im Vorhinein wissen? Es gibt kein Wissen im Voraus. Man muss sich hineinbegeben, um es zu erfahren. Wie willst du wissen, ob du den Sturm und den Wind draußen aushalten kannst, wenn du im Haus sitzen bleibst? Du warst noch nie draußen im Sturm. Geh hinaus und probiere es aus! Es geht nur durch Ausprobieren. Geh hinaus und probiere es aus – vielleicht wirst du unterliegen, doch selbst in dieser Niederlage wirst du stärker sein, als du jetzt bist.

Das Problem aller Liebenden ist, dass sie tief im Innern Angst haben. Sie fragen sich immer, ob die Beziehung stark genug ist, um die Wahrheit zu verkraften. Doch wie könnte man das im Vorhinein wissen?

Wenn du in einer solchen Erfahrung unterliegst, und wieder und wieder, dann wirst du nach und nach immer stärker werden, einfach dadurch, dass du durch den Sturm gehst. Ein Tag wird kommen, an dem du den Sturm einfach genießt, an dem du einfach im Sturm zu tanzen beginnst. Dann ist der Sturm kein Feind mehr – auch er ist nur eine Gelegenheit, eine wilde Gelegenheit, zu *sein*.

Denkt daran, *Sein* geschieht niemals in Bequemlichkeit, sonst würde es bei allen geschehen. Denkt daran, *Sein* kann nicht in Bequemlichkeit geschehen, denn sonst könnte jeder problemlos darin verweilen. *Sein* geschieht nur, wenn man Risiken eingeht, wenn man sich in Gefahr begibt. Und Liebe ist die größte Gefahr, die es gibt. Sie verlangt dich total.

Habt also keine Angst, stürzt euch hinein. Wenn die Beziehung die Wahrheit übersteht, ist es wunderbar. Wenn nicht, ist es ebenfalls gut, denn eine falsche Beziehung ist zu Ende, und nun seid ihr in stärkerem Maße fähig, euch in eine andere Beziehung zu begeben, die wahrer ist, die stärker ist, die sich mehr auf die Essenz bezieht.

Wenn die Beziehung die Wahrheit übersteht, ist es wunderbar. Wenn nicht, ist es ebenfalls gut, denn eine falsche Beziehung ist zu Ende.

Doch denkt immer daran, dass sich Unwahrheit niemals auszahlt; es mag vielleicht so scheinen, doch sie zahlt sich niemals aus. Nur die Wahrheit zahlt sich aus – und anfangs sieht es niemals so aus, als würde die Wahrheit sich auszahlen. Es sieht so aus, als würde sie alles zerstören. Wenn man von außen darauf schaut, sieht die Wahrheit sehr, sehr gefährlich aus, ganz furchtbar. Doch das ist nur die Außenseite. Wenn man sich hineinbegibt, ist Wahrheit das einzig Schöne. Und sobald man beginnt, sie zu schätzen, einen Geschmack von ihr zu bekommen, wird man mehr und mehr danach verlangen, denn sie schenkt Zufriedenheit.

Habt ihr es schon einmal beobachtet? Es ist einfacher, Fremden gegenüber aufrichtig zu sein. Menschen, die im Zug reisen, fangen an, sich mit völlig Fremden zu unterhalten und ihnen Dinge zu erzählen, die sie ihren Freunden noch nie erzählt haben – weil es bei einem Fremden um nichts geht. Nach einer halben Stunde kommt die Haltestelle, und man steigt aus; man vergisst die ganze Sache, und der andere vergisst, was ihm erzählt worden ist. Was immer man sagt, es macht keinen Unterschied. Bei einem Fremden besteht kein Risiko.

Wenn Menschen mit Fremden reden, sind sie aufrichtiger und öffnen eher ihr Herz. Doch wenn sie mit Freunden oder Verwandten reden – mit Vater, Mutter, Ehefrau, Ehemann, Bruder, Schwester –, haben sie tiefe, unbewusste Hemmungen: »Sag das nicht, er fühlt sich vielleicht verletzt«, Tu das nicht, es wird ihr nicht gefallen«, »Lass das bleiben, dein Vater ist alt, es schockiert ihn möglicherweise«. Also kontrollieren sich alle. Nach und nach landet die Wahrheit im Keller, und man wird sehr geschickt und raffiniert mit der Unwahrheit. Man lächelt ein falsches Lächeln, das nur auf die Lippen gemalt ist. Man sagt nette Dinge, die überhaupt nichts bedeuten. Man langweilt sich mit dem Freund oder dem Vater, doch man sagt: »Ich freue mich so, dich zu sehen!« Und dabei schreit alles im Innern: »Lass mich doch bloß in Ruhe!« Doch mit allem, was man sagt, spielt man den anderen etwas vor. Und die anderen machen dasselbe; niemandem wird es bewusst, weil wir alle im selben Boot sitzen.

Ein religiöser Mensch ist jemand, der aus diesem Boot aussteigt und sein Leben riskiert. Er sagt: »Entweder ich bin aufrichtig, oder ich will überhaupt nicht sein. Aber ich werde nicht unaufrichtig sein.«

Wie hoch das Risiko auch sein mag, versuche es und geh nicht weiter in die falsche Richtung. Die Beziehung ist vielleicht stark genug. Sie kann möglicherweise die Wahrheit ertragen. Dann ist es sehr, sehr schön. Wenn du mit dem Menschen, den du liebst, nicht aufrichtig sein kannst, mit wem willst du es sonst sein? Wenn du mit dem Menschen, von dem du denkst, dass er dich liebt, nicht aufrichtig sein kannst, wenn du selbst bei ihm Angst hast, die Wahrheit zu sagen, spirituell vollkommen nackt zu sein, wenn du dich selbst vor ihm verbirgst – wo willst du dann einen Ort und einen Raum finden, wo du vollkommen frei sein kannst?

Das ist die Bedeutung von Liebe, dass du dich zumindest vor einem Menschen vollkommen nackt zeigen kannst. Du weißt, dass er dich liebt, dass er dich nicht missverstehen wird. Du weißt, dass er dich liebt, deshalb verschwindet die Angst. Du kannst alles enthüllen. Du kannst alle Türen öffnen, du kannst den anderen in dich einladen. Du kannst anfangen, am Wesen des anderen teilzuhaben.

Liebe ist Teilhaben. Deshalb seid zumindest mit euren Partnern nicht unaufrichtig. Ich sage nicht, dass ihr auf den Marktplatz gehen und dort aufrichtig sein sollt, denn das würde für unnötige Probleme sorgen. Doch beginnt mit dem Partner, dann mit der Familie, dann mit Menschen, die weiter entfernt sind. Nach und nach werdet ihr dann lernen, dass Aufrichtigkeit so schön ist, dass ihr bereit seid, alles dafür zu verlieren. Dann wird sie auch auf dem Marktplatz geschehen – dann wird Aufrichtigkeit einfach eure Art zu leben sein. Das Alphabet der Liebe, die Wahrheit, muss mit denen erlernt werden, die euch nahe sind, denn sie werden es verstehen.

Ihr seid immer nur oberflächlich in Beziehung, und selbst wenn ihr eine formale Beziehung zu jemandem habt, redet ihr weiter über tausenderlei unwichtige Dinge, denn nichts spielt wirklich eine Rolle – es ist nur ein Freizeitvergnügen.

Doch wenn man anfängt, sich jemandem wirklich nahe zu fühlen, und Intimität entsteht, dann ist jedes einzelne Wort, das man sagt, von Bedeutung. Dann kann man nicht mehr so einfach mit Worten spielen, denn jetzt bekommt alles Bedeutung. Also werden Lücken voller Stille auftauchen. Anfangs fühlt man sich befangen, denn man ist nicht an Schweigen gewöhnt. Man denkt, dass etwas gesagt werden müsste, denn was soll der andere sonst denken?

Doch wenn man anfängt, sich jemandem wirklich nahe zu fühlen, und Intimität entsteht, dann ist jedes einzelne Wort, das man sagt, von Bedeutung.

Immer wenn man sich nahe kommt, wenn eine Form von Liebe entsteht, taucht auch Stille auf, und es gibt nichts mehr zu sagen. Tatsächlich *gibt* es auch nichts zu sagen – da ist nichts mehr. Mit Fremden gibt es viel zu sagen; mit Freunden nichts. Und das Schweigen kann drückend werden, weil ihr es nicht gewohnt seid.

Ihr kennt die Musik der Stille nicht. Ihr kennt nur eine Art der Kommunikation, und die verläuft verbal, über den Verstand. Ihr wisst nicht, wie man über das Herz kommuniziert, von Herz zu Herz, in Stille. Ihr wisst nicht, wie man kommuniziert, indem man einfach nur da ist, durch Präsenz. Ihr seid am Wachsen, und die alten Kommunikationsmuster genügen nicht mehr. Ihr werdet neue

Kommunikationsmuster entwickeln müssen, nonverbale. Je reifer man wird, desto mehr nonverbale Kommunikation ist nötig.

Sprache ist nur notwendig, weil wir nicht wissen, wie man kommuniziert. Wenn wir es lernen, wird die Sprache nach und nach überflüssig. Sprache ist nur ein Medium für Anfänger. Das wirkliche Medium ist Stille. Überprüfe also deine Einstellung, denn sonst wirst du nicht weiter wachsen können. Nichts fehlt, wenn die Sprache zu verschwinden beginnt; das ist eine falsche Vorstellung. Etwas Neues ist aufgetaucht, und das alte Muster genügt nicht mehr. Du bist am Wachsen, und deine Kleider werden dir zu eng. Es ist nicht so, dass etwas fehlt, sondern es kommt im Gegenteil jeden Tag etwas hinzu.

Sprache ist nur notwendig, weil wir nicht wissen, wie man kommuniziert. Wenn wir es lernen, wird die Sprache nach und nach überflüssig.

Je mehr du meditierst, desto mehr wirst du lieben und desto mehr wirst du fähig, mit anderen in Beziehung zu sein. Und schließlich kommt ein Augenblick, in dem nur noch Schweigen hilft. Nächstes Mal, wenn du mit jemandem zusammen bist und nicht mit Worten kommunizierst und dich unwohl dabei fühlst, sei glücklich. Werde still und erlaube dieser Stille zu kommunizieren.

Sprache ist notwendig, um mit Menschen zu kommunizieren, mit denen du keine Liebesbeziehung hast. Sprachlosigkeit ist notwendig mit Menschen, mit denen du in einer Liebesbeziehung bist. Man muss wieder unschuldig werden, wie ein Kind, und still. Es wird Gesten geben – manchmal werdet ihr lächeln und euch an den Händen halten, und manchmal werdet ihr einfach nur still sein und euch in die Augen schauen, nichts tun, einfach nur sein. Eure Präsenz begegnet sich dabei und verschmilzt, und etwas geschieht, von dem nur ihr wisst. Nur ihr, für die es geschehen ist – niemand anderer wird es wahrnehmen, weil es in solcher Tiefe geschieht.

Genieße diese Stille; fühle und schmecke sie und koste sie aus. Bald wirst du erkennen, dass sie ihre eigene Art von Kommunikation besitzt; dass sie größer und höher und tiefer ist. Und diese Kommunikation ist heilig; ihr wohnt eine gewisse Reinheit inne.

Vier Fallstricke

Die Menschen haben Angst vor großartiger Musik, die Menschen haben Angst vor großartiger Dichtung, die Menschen haben Angst vor tiefer Intimität. Die Liebesbeziehungen der Menschen sind nur noch oberflächliche Begegnungen. Sie dringen nicht tief in das Wesen des anderen vor, denn wenn man tief geht, entsteht Angst – das Wesen des anderen ist wie ein Teich, der einen spiegelt. Was, wenn man sich in diesem Teich, in diesem Spiegel, nicht entdeckt – wenn der Spiegel leer bleibt, wenn er nichts widerspiegelt –, was dann?

Die Gewohnheit der Reaktion

Eine Reaktion kommt aus der Vergangenheit; eine Antwort entsteht aus der Gegenwart. Ihr reagiert immer nur aus den alten Mustern der Vergangenheit heraus. Jemand beleidigt dich, und sofort beginnt der alte Mechanismus zu funktionieren. In der Vergangenheit hat dich schon einmal jemand beleidigt, und du hast dich auf eine bestimmte Art und Weise verhalten; jetzt verhältst du dich wieder genauso. Du antwortest nicht auf *diese* Beleidigung und auf *diesen* Menschen, du wiederholst einfach nur eine alte Gewohnheit. Du hast dir diesen Menschen und diese neue Beleidigung gar nicht wirklich angesehen – sie hat einen ganz anderen Geschmack –, du funktionierst einfach nur wie ein Roboter. Du trägst einen bestimmten Mechanismus in dir, du drückst den Knopf, du sagst: »Dieser Mensch hat mich beleidigt«, und du reagierst. Die Reaktion erfolgt nicht auf die tatsächliche Situation, sie ist etwas Projiziertes. Du hast in diesem Menschen nur die Vergangenheit gesehen.

Es geschah einmal Folgendes:

Buddha saß unter einem Baum und sprach zu seinen Schülern. Da kam ein Mann und spuckte ihm ins Gesicht. Buddha wischte sich ab und fragte den Mann: »Und was weiter? Was möchtest du mir außerdem noch sagen?« Der Mann war verwirrt, weil er nicht erwartet hatte, dass jemand, dem er ins Gesicht spuckte, fragen würde: »Und was weiter?« Er hatte bisher noch nie eine solche Erfahrung gemacht. Er hatte Menschen beleidigt, und sie waren wütend geworden und hatten reagiert. Oder wenn sie Feiglinge und Schwächlinge waren, hatten sie gelächelt und versucht, ihn zu beschwichtigen. Doch Buddha war anders; er war weder wütend noch auf irgendeine Art beleidigt, und er war auch nicht feige. Stattdessen fragte er einfach nur ganz sachlich: »Und was weiter?« Von seiner Seite kam keine Reaktion.

Buddhas Schüler dagegen wurden wütend, sie reagierten. Sein vertrautester Schüler, Ananda, sagte: »Das ist zu viel, das können wir nicht tolerieren. Behalte deine Lehren für dich, und wir werden diesem Mann mal kurz zeigen, dass er so etwas wie eben nicht tun kann. Er muss dafür bestraft werden. Sonst wird bald jeder anfangen, solche Dinge zu tun.«

Buddha sagte zu ihm: »Sei still. Er hat mich nicht beleidigt, aber *du* beleidigst mich. Er ist neu hier, ein Fremder. Er muss von den Leuten etwas über mich gehört haben, er muss gehört haben: ›Dieser Mann ist ein Atheist, ein gefährlicher Mensch, der die anderen von ihrem Weg abbringt, ein Revolutionär, der andere verdirbt.‹ Und möglicherweise hat er eine bestimmte Vorstellung, eine Idee von mir entwickelt. Er hat nicht mich angespuckt, er hat seine Idee angespuckt, seine Vorstellung von mir – denn er kennt mich ja überhaupt nicht, wie könnte er also mich anspucken?

Wenn du genauer darüber nachdenkst, hat er seinen eigenen Verstand angespuckt. Ich habe damit nichts zu tun, und ich sehe, dass dieser arme Mann noch etwas anderes zu sagen haben muss, denn das ist eine Art und Weise, etwas zu sagen – Spucken ist eine Art, etwas zu sagen. Es gibt Augenblicke, in denen man das Gefühl hat, dass Sprache nicht ausreicht – in tiefer Liebe, in intensiver Wut, im Hass, im Gebet. Es gibt intensive Augenblicke, in denen Sprache nicht ausreicht. Dann muss man etwas tun. Wenn man zutiefst verliebt ist und den anderen küsst oder umarmt, was tut man dann? Man sagt ihm damit etwas. Wenn man wütend ist, sehr wütend, und den anderen schlägt, den anderen anspuckt, dann sagt man damit etwas. Ich verstehe ihn. Er muss noch etwas anderes zu sagen haben, deshalb frage ich ihn: ›Und was weiter?‹«

Der Mann war jetzt erst recht verwirrt! Doch Buddha sagte zu seinen Schülern: »Ich fühle mich durch euch mehr beleidigt, denn ihr kennt mich und lebt seit Jahren bei mir, und noch immer reagiert ihr nur.«

Verwirrt und betroffen kehrte der Mann nach Hause zurück. Er konnte die ganze Nacht nicht schlafen. Wenn man einem Buddha begegnet ist, ist es schwierig, ja unmöglich, weiter so zu schlafen, wie man bisher geschlafen hat. Wieder und wieder verfolgte ihn seine Erfahrung. Er konnte sich nicht erklären, was geschehen war. Er zitterte und schwitzte am ganzen Körper. Niemals zuvor war er einem solchen Menschen begegnet; durch ihn wurden sein ganzer Verstand und sein ganzes Muster, seine ganze Vergangenheit, erschüttert.

Am nächsten Morgen kehrte er zurück. Er warf sich Buddha zu Füßen. Und Buddha fragte ihn erneut: »Und was weiter? Auch das ist eine Art, etwas zu sagen, was nicht mit Worten ausgedrückt werden kann. Wenn du zu mir kommst und meine Füße berührst, sagst du etwas, das nicht auf gewöhnliche Weise ausgedrückt werden kann, wofür alle Worte nicht ausreichend sind; sie können es nicht vermitteln.«

Und Buddha sagte: »Schau, Ananda, dieser Mann ist wieder hier, und er sagt etwas. Dieser Mann ist ein Mensch mit tiefen Gefühlen.«

Der Mann schaute Buddha an und sagte: »Vergib mir für das, was ich gestern tat.«

Buddha erwiderte: »Vergeben? Aber ich bin nicht mehr derselbe Mann, dem du es angetan hast. Der Ganges fließt immer weiter; er ist niemals mehr derselbe Ganges. Jeder Mensch ist ein Fluss. Der Mann, den du angespuckt hast, ist nicht mehr da – ich sehe zwar noch genauso aus, doch ich bin nicht derselbe, viel ist in diesen 24 Stunden geschehen! Der Fluss ist so viel weiter geflossen. Also kann ich dir nicht vergeben, denn ich hege keinen Groll gegen dich.

Und auch du bist neu. Ich sehe, dass du nicht derselbe Mann bist, der gestern kam, denn dieser Mann war wütend – er war reine Wut! Er hat mich angespuckt, während du dich niederwirfst und meine Füße berührst – wie könntest du derselbe Mann sein? Du bist nicht derselbe Mann, also lass uns das alles vergessen. Diese beiden Menschen – der Mann, der gespuckt hat, und der Mann, den er angespuckt hat –, sie existieren beide nicht mehr. Komm näher. Lass uns über etwas anderes sprechen.«

Das ist eine Antwort.

Eine Reaktion kommt immer aus der Vergangenheit. Wenn man aus alten Gewohnheiten heraus reagiert, aus dem Verstand heraus, antwortet man nicht. Zu antworten bedeutet, in diesem Augenblick vollkommen lebendig zu sein, hier und jetzt. Eine Antwort ist ein wundervolles Phänomen, sie ist lebendig. Eine Reaktion ist tot, hässlich, verrottet; sie ist eine Leiche. In 99 Prozent der Fälle reagiert ihr einfach nur. Selten geschieht es in eurem Leben, dass ihr antwortet; doch wenn es geschieht, erhascht ihr einen kurzen Blick. Wenn es geschieht, öffnet sich die Tür zum Unbekannten.

Wenn man aus alten Gewohnheiten heraus reagiert, aus dem Verstand heraus, antwortet man nicht. Zu antworten bedeutet, in diesem Augenblick vollkommen lebendig zu sein, hier und jetzt.

Geh nach Hause und schau dir deine Frau an und antworte ihr, statt einfach nur mechanisch auf sie zu reagieren. Ich kenne Leute, die mit ihrer Frau vielleicht 30, 40 Jahre zusammengelebt haben und aufgehört haben, sie wirklich zu sehen. Sie wissen, sie ist »die Alte«, und sie glauben, sie zu kennen. Doch der Fluss ist die ganze Zeit über weitergeflossen. Diese Frau ist nicht mehr dieselbe Frau, die sie geheiratet haben. Das ist ein Phänomen der Vergangenheit, diese Frau existiert jetzt nicht mehr; dies hier ist eine vollkommen neue Frau.

Jeden Augenblick wirst du neu geboren. Jeden Augenblick stirbst du, und jeden Augenblick wirst du geboren. Doch hast du dir in letzter Zeit deine Frau angesehen, deine Mutter, deinen Vater, deine Freunde? Du hast aufgehört zu schauen, weil du denkst, sie sind die alten, und wozu sollte man sie genauer ansehen? Geh hin und schau sie dir mit neuen Augen an, so wie du einen Fremden ansehen würdest, und du wirst überrascht sein, wie sehr sie sich verändert haben.

Hast du dir in letzter Zeit deine Frau angesehen, deine Mutter, deinen Vater, deine Freunde? Geh hin und schau sie dir mit neuen Augen an, so wie du einen Fremden ansehen würdest, und du wirst überrascht sein.

Enorme Veränderungen geschehen jeden Tag. Es ist ein Fließen. Alles fließt, nichts ist starr. Doch der Verstand ist etwas Totes, er ist etwas Starres. Wenn du aus dem starren Verstand heraus agierst, lebst du ein totes Leben. Dann lebst du nicht wirklich – du befindest dich bereits im Grab.

Lass alle Reaktionen fallen und erlaube dir mehr und mehr, zu antworten. Zu antworten bedeutet, Verantwortung zu übernehmen. Zu antworten bedeutet, empfindsam zu sein, empfindsam für das Hier und Jetzt.

Das Bedürfnis nach Sicherheit

Es gibt keine sicheren Beziehungen. Beziehungen können von Natur aus nicht sicher sein, und wenn eine Beziehung sicher ist, verliert sie jede Anziehungskraft. Das ist also ein Problem für den Verstand. Wenn man eine Beziehung genießen möchte, muss sie unsicher sein. Wenn man sie vollkommen sicher macht, absolut sicher, kann man sie nicht mehr genießen – dann verliert sie ihren ganzen Charme, ihre ganze Attraktivität. Der Verstand ist weder mit dem einen noch mit dem anderen jemals zufrieden, also befindet er sich immer im Konflikt und im Chaos. Er möchte eine Beziehung, die gleichzeitig lebendig und sicher ist, doch das ist unmöglich, weil ein lebendiger Mensch und eine lebendige Beziehung und überhaupt alles Lebendige unvorhersehbar ist, unvorhersehbar sein muss. Was im nächsten Augenblick geschieht, lässt sich nicht voraussagen. Und gerade weil es nicht vorhersehbar ist, wird der Augenblick intensiv.

❧

Ein lebendiger Mensch und eine lebendige Beziehung und überhaupt alles Lebendige ist unvorhersehbar. Was im nächsten Augenblick geschieht, lässt sich nicht voraussagen.

❧

Man muss diesen Augenblick so total wie möglich leben, weil der nächste Augenblick vielleicht niemals kommt. Du bist dann vielleicht gar nicht mehr da; der andere ist vielleicht nicht mehr da. Oder ihr seid beide da, doch die Beziehung gibt es nicht mehr. Alle Möglichkeiten sind offen. Die Zukunft ist immer offen, die Vergangenheit ist immer abgeschlossen. Und zwischen den beiden steht die Gegenwart, ein einziger Augenblick der Gegenwart, zitternd und schwankend. Doch so ist das Leben. Das Zittern und Schwanken sind Teil des Lebendigseins – das Zögern, das Verschwommene, das Unklare.

Die Vergangenheit ist abgeschlossen. Alles ist geschehen, und nun lässt sich nichts mehr verändern, alles ist also vollkommen abgeschlossen. Die Zukunft ist vollkommen offen, nichts lässt sich vorhersagen. Und zwischen den beiden steht die Gegenwart, mit einem Fuß in der Vergangenheit und einem in der Zukunft. Deshalb befindet sich der Verstand immer in einem gespaltenen Zustand. Er ist immer gespalten, ist immer schizophren.

Man muss verstehen, dass die Dinge einfach so sind und dass sich daran nichts ändern lässt. Wenn man eine wirklich sichere Beziehung möchte, muss man einen toten Menschen lieben; doch dann kann man die Beziehung nicht genießen. Das ist es, was aus einem Geliebten wird, wenn er zum Ehemann wird – ein Ehemann ist ein toter Geliebter, eine Ehefrau ist eine tote Geliebte. Die Vergangenheit ist allumfassend geworden, und nun entscheidet die Vergangenheit über die Zukunft. Tatsächlich hat man keine Zukunft mehr, wenn man eine Ehefrau ist – die Vergangenheit wird sich einfach nur ewig wiederholen, alle Türen sind verschlossen. Wenn man ein Ehemann ist, hat man keine Zukunft mehr; man ist eingeschlossen, in einem Gefängnis.

Ihr sucht also ständig nach Sicherheit, doch wenn ihr sie gefunden habt, langweilt sie euch. Schaut euch die Gesichter von Ehemännern und Ehefrauen an. Sie haben Sicherheit gefunden – die viel begehrte Sicherheit –, und jetzt liegt alles auf ihrem Konto, und Recht und Gesetz und Polizei sorgen dafür, dass alles sicher ist. Doch damit ist der ganze Charme, die ganze Poesie verloren gegangen; es gibt keine Romantik mehr. Jetzt sind sie tote Menschen – sie wiederholen einfach nur die Vergangenheit, sie leben in Erinnerungen.

❧

Schaut euch die Gesichter von Ehemännern und Ehefrauen an. Sie haben Sicherheit gefunden – die viel begehrte Sicherheit –, und jetzt liegt alles auf ihrem Konto. Doch damit ist der ganze Charme, die ganze Poesie verloren gegangen; es gibt keine Romantik mehr.

❧

Hört nur einmal Ehemännern und Ehefrauen zu, wenn sie sich unterhalten. Die Frau beklagt sich dauernd, dass der Mann sie nicht mehr so lieben würde wie früher, und sie reden ständig nur über vergangene Ereignisse, ihre Flitterwochen und solche Dinge. Was für ein Unsinn! Sie sind doch schließlich immer noch lebendig. Dieser Augenblick könnte wie Flitterwochen sein. Dieser Augenblick könnte gelebt werden, doch sie sprechen über die Vergangenheit und versuchen sie zu wiederholen.

Sicherheit ist niemals befriedigend – und in der Unsicherheit ist immer die Angst da, Angst, dass die Beziehung sich auflösen könnte. Doch das gehört zum Lebendigsein. Alles kann sich auflösen, nichts ist sicher, und das ist der Grund, warum alles so schön ist. Und das ist der Grund, warum man nichts auch nur einen einzigen Augenblick aufschieben sollte – wenn du jemanden lieben möchtest, liebe ihn hier und jetzt. Liebe ihn. Denn niemand weiß, was im nächsten Augenblick geschieht. Im nächsten Augenblick gibt es vielleicht keine Möglichkeit mehr zu lieben, und dann wirst du es dein ganzes Leben lang bereuen. Du hättest lieben können, du hättest leben können. Dann ist der Mensch von Reue erfüllt, von Reue und einem tiefen Schuldgefühl, so als hätte er Selbstmord begangen.

Wenn du jemanden lieben möchtest, liebe ihn hier und jetzt. Liebe ihn. Denn niemand weiß, was im nächsten Augenblick geschieht.

Das Leben ist unsicher. Niemand kann es sicher machen. Es gibt keine Möglichkeit, es sicher zu machen. Und es ist gut, dass niemand es sicher machen kann, denn sonst wäre es tot. Das Leben ist zerbrechlich, empfindlich, und es bewegt sich immer ins Unbekannte; das ist seine Schönheit. Man muss mutig sein, abenteuerlustig. Man muss ein Spieler sein, um sich mit dem Leben zu bewegen. Sei also ein Spieler. Lebe diesen Augenblick, und lebe ihn total. Wenn der nächste Augenblick kommt, werden wir weitersehen. Du wirst da sein, um ihn zu bewältigen – so wie du die Vergangenheit bewältigt hast, wirst du auch fähig sein, die Zukunft zu bewältigen –, und du wirst besser dazu fähig sein, weil du mehr Erfahrungen hast.

Es geht also nicht darum, ob der andere im nächsten Augenblick noch da sein wird. Es geht darum, ihn zu lieben, wenn er in diesem Augenblick da ist. Vergeude diesen Augenblick nicht damit, über die Zukunft nachzudenken und dir Sorgen zu machen, denn das ist selbstmörderisch. Verschwende keinen einzigen Gedanken an die Zukunft, denn man kann nichts daran ändern; also ist es reine Energieverschwendung. Liebe diesen Menschen und lass dich von ihm lieben.

Ich sehe es so: Wenn du diesen Augenblick vollkommen lebst, ist die Wahrscheinlichkeit groß, dass der Mensch im nächsten Augenblick immer noch da ist. Ich spreche von Wahrscheinlichkeit – ich kann es nicht versprechen. Doch die Wahrscheinlichkeit ist größer, denn der nächste Augenblick entsteht aus dem gegenwärtigen heraus. Wenn du diesen Menschen geliebt hast und der Mensch sich geliebt fühlte und die Beziehung eine wunderbare Erfahrung war, voller Ekstase, warum sollte er dich dann verlassen?

Wenn du diesen Augenblick vollkommen lebst, ist die Wahrscheinlichkeit groß, dass der Mensch im nächsten Augenblick immer noch da ist. Ich spreche von Wahrscheinlichkeit – ich kann es nicht versprechen. Doch die Wahrscheinlichkeit ist größer, denn der nächste Augenblick entsteht aus dem gegenwärtigen heraus.

Tatsächlich wirst du ihn, wenn du dir weiter Sorgen machst, viel eher dazu bringen, ja dazu treiben, dich zu verlassen. Denn wenn du diesen Augenblick verschwendet hast, wird der nächste Augenblick aus dieser Verschwendung heraus entstehen; er wird verdorben sein. Und so wird alles vorhersehbar. Du fängst an, deine eigenen Vorhersagen zu erfüllen. Schließlich sagst du dir: »Ich habe ja von Anfang an gewusst, dass diese Beziehung nicht halten wird. Jetzt hat es sich bewiesen.« Dann wirst du dich in gewisser Weise gut fühlen; du wirst das Gefühl haben, dass du sehr klug und weise warst. Tatsächlich warst du aber töricht, denn es ist nicht so, dass du es vorhergesehen hast. Du hast es herbeigeführt, weil du die Zeit, die Gelegenheit, die dir gegeben wurde, verschwendet hast.

Du fängst an, deine eigenen Vorhersagen zu erfüllen. Schließlich sagst du dir: »Ich habe ja von Anfang an gewusst, dass diese Beziehung nicht halten wird. Jetzt hat es sich bewiesen.« Dann wirst du dich in gewisser Weise gut fühlen; du wirst das Gefühl haben, dass du sehr klug und weise warst.

Liebe den anderen also und vergiss alle Gedanken an die Zukunft. Hör einfach auf mit dem Unsinn, über die Zukunft nachzudenken. Wenn du lieben kannst, liebe. Wenn du jemanden nicht lieben kannst, vergiss ihn, finde jemand anderen. Doch verschwende keine Zeit.

Es geht nicht um diesen oder jenen Geliebten, es geht um Liebe. Liebe ist das, was erfüllend ist, die Menschen sind nur ein Vorwand dafür. Doch das Ganze hängt von dir ab, denn was du mit dem einen Menschen machst, wirst du auch mit dem nächsten wieder tun.

Wenn du einen Menschen glücklich machst, warum sollte er dich dann verlassen? Doch wenn du ihn unglücklich machst, warum sollte er dich dann nicht verlassen? Wenn du ihn unglücklich machst, werde ich ihm sogar helfen, dich zu verlassen! Doch wenn du ihn glücklich machst, kann niemand ihm helfen, dich zu verlassen;

dann ist das überhaupt keine Frage, dann wird er gegen die ganze Welt für dich kämpfen.

❧

Wenn du einen Menschen glücklich machst, warum sollte er dich dann verlassen? Doch wenn du ihn unglücklich machst, warum sollte er dich dann nicht verlassen?

❧

Werde also glücklicher. Nutze die Zeit, die du hast – und es gibt keinen Grund, über die Zukunft nachzudenken; die Gegenwart ist genug. Von diesem Augenblick an versuche den Augenblick zu leben. Verwende diesen Augenblick nicht dazu, dir Sorgen zu machen, sondern zu leben. Selbst kleine Dinge können ganz wunderbar sein. Ein wenig Mitgefühl, ein wenig Miteinanderteilen, das ist alles, was das Leben ist.

Jeder Mensch erschafft sich eine gewisse psychologische Sicherheit, ohne sich bewusst zu sein, dass diese Sicherheit sein Gefängnis ist. Menschen sind von allen möglichen Unsicherheiten umgeben, daher ist es ihr natürliches Streben, sich Schutz zu verschaffen. Dieser Schutz wird immer umfassender, je mehr man sich der Gefahren bewusst wird, in denen man lebt. Die Gefängniszelle wird dabei immer kleiner; schließlich fängt man an, so geschützt zu leben, dass das Leben selbst unmöglich wird.

Leben ist nur in Unsicherheit möglich. Das ist etwas sehr Fundamentales, das man verstehen muss: Leben bedeutet in seiner Essenz Unsicherheit. Indem man sich schützt, zerstört man das eigene Leben. Schutz ist Tod, denn nur diejenigen, die tot im Grab liegen, sind vollkommen geschützt. Niemand kann ihnen mehr etwas antun, für sie kann nichts mehr schief laufen, für sie gibt es keinen Tod mehr; all das ist bereits geschehen. Nichts wird ihnen mehr zustoßen.

Nur diejenigen, die tot im Grab liegen, sind vollkommen geschützt. Niemand kann ihnen mehr etwas antun, für sie kann nichts mehr schief laufen.

Wünscht ihr euch die Sicherheit eines Friedhofs? Unbewusst ist es genau das, was jeder zu erreichen versucht. Die Methoden sind unterschiedlich, doch das Ziel ist dasselbe. Wonach strebt ihr – durch Geld, durch Macht, durch Prestige, durch soziale Anpassung, durch Zugehörigkeit zu einer Herde, einer religiösen oder politischen, zu einer Familie, zu einer Nation? Eine unbekannte Angst umgibt euch, und ihr versucht, so viele Barrieren wie möglich zwischen euch und der Angst zu errichten. Doch diese Barrieren hindern euch auch am Leben. Sobald man das verstanden hat, erkennt man die Bedeutung von *Sannyas*. Es bedeutet, das Leben als unsicher zu akzeptieren, alle Abwehrmechanismen loszulassen und dem Leben zu erlauben, einen in Besitz zu nehmen. Das ist ein gefährlicher Schritt, doch diejenigen, die dazu fähig sind, werden enorm belohnt, denn nur sie leben wirklich. Alle anderen überleben nur.

Es gibt einen Unterschied zwischen Leben und Überleben. Überleben ist nur ein Sichdahinschleppen – von der Wiege bis zur Bahre, mit der ständigen Frage, wann es Zeit für die Bahre wird. Doch in der Zeit zwischen der Wiege und der Bahre, warum sollte man sich da fürchten? Der Tod ist sicher … und ihr habt nichts zu verlieren. Ihr kommt ohne irgendetwas. Eure Ängste sind nur Projektionen. Ihr habt nichts zu verlieren, und eines Tages wird das, was ihr habt, verschwinden. Wenn der Tod nicht sicher wäre, hätte die Vorstellung, Sicherheit zu schaffen, eine gewisse Substanz. Wenn man den Tod vermeiden könnte, wäre es natürlich vollkommen in Ordnung, Hindernisse zwischen sich selbst und dem Tod zu errichten. Doch man kann ihn nicht vermeiden. Der Tod ist da – und sobald er akzeptiert wird, verliert er alle Macht, denn man kann sowieso nichts gegen ihn tun. Wenn man nichts dagegen tun kann, warum sollte man sich dann Sorgen machen?

Es ist eine bekannte Tatsache, dass Soldaten, die in eine Schlacht ziehen, innerlich zittern. Tief im Innern wissen sie, dass nicht alle am Abend wieder zurückkommen werden. Man weiß nicht, wer zurückkommt und wer nicht, doch es ist möglich, dass man selbst vielleicht nicht zurückkommt. Doch die Psychologen haben ein seltsames Phänomen entdeckt: Sobald die Soldaten die Front erreicht haben, verschwinden alle ihre Ängste. Sie beginnen ganz spielerisch zu kämpfen. Wenn der Tod akzeptiert ist, wo ist dann noch sein Stachel? Sobald man weiß, dass der Tod jeden Augenblick möglich ist, kann man aufhören, daran zu denken. Ich habe schon viele Soldaten getroffen, habe viele Freunde in der Armee, und es war immer seltsam zu sehen, dass sie die fröhlichsten Leute sind, die entspanntesten. Jeden Tag kann die Einberufung kommen – »zu den Waffen« –, doch sie spielen Karten, sie spielen Golf, sie trinken, sie tanzen. Sie genießen das Leben bis zur Neige.

Ein General pflegte mich regelmäßig zu besuchen. Ich fragte ihn einmal: »Du musst doch fast jeden Tag mit dem Tod rechnen – wie kannst du da noch glücklich sein?«

Er erwiderte: »Was sollte ich denn sonst tun? Der Tod ist sicher.«

Sobald die Unausweichlichkeit, Unvermeidbarkeit, Unentrinnbarkeit des Todes akzeptiert ist, warum sollte man dann nicht tanzen, statt zu weinen und zu klagen und sich zum Grab zu schleppen? Warum nicht das Beste aus der Zeit machen, die einem zwischen der Wiege und der Bahre bleibt? Warum nicht das Leben in jedem Augenblick so total leben, dass sich kein Bedauern einstellt, wenn der nächste Augenblick niemals kommt? Dann kann man voll Freude sterben, denn man hat voll Freude gelebt.

Warum nicht tanzen, statt zu weinen und zu klagen und sich zum Grab zu schleppen? Warum nicht das Leben in jedem Augenblick so total leben, dass sich kein Bedauern einstellt, wenn der nächste Augenblick niemals kommt?

Doch nur sehr wenige Menschen verstehen die innere Struktur ihrer Psyche. Statt zu leben, versuchen sie, sich zu schützen. Dann wird die Energie, die zu einem Lied oder einem Tanz hätte werden können, dazu benutzt, für mehr Geld, mehr Macht, mehr Erfolg, mehr Sicherheit zu sorgen. Und die Energie, die eine wunderschöne Blüte der Liebe hätte werden können, wird zum Gefängnis einer Ehe.

Die Ehe ist sicher – durch das Gesetz, durch soziale Konventionen, durch eure eigenen Vorstellungen von Ehrbarkeit und dem, was die Leute sagen. Jeder hat Angst vor den anderen, also machen sich alle weiter gegenseitig etwas vor. Liebe kann verschwinden – es liegt nicht in eurer Hand. Sie kommt, wie ein Windhauch kommt, und sie geht, wie ein Windhauch wieder geht. Diejenigen, die wach und bewusst sind, tanzen mit dem Wind, kosten ihn zutiefst aus, genießen seine Kühle und seinen Duft. Und wenn er verschwunden ist, sind sie nicht traurig und enttäuscht. Er war ein Geschenk aus dem Unbekannten. Er kann wiederkommen. Sie warten – und er kommt wieder und wieder. Sie lernen langsam eine tiefe Geduld, ein tiefes Warten. Doch die meisten Menschen haben jahrhundertelang das genaue Gegenteil davon gemacht. Aus lauter Angst, dass der Windhauch entkommen könnte, verschließen sie alle Türen, alle Fenster, alle Ritzen, durch die er möglicherweise entweichen könnte. Das sind die Vorkehrungen, die für ihre Sicherheit sorgen sollen; das nennt man Ehe. Doch dann sind sie schockiert – denn wenn alle Fenster und Türen geschlossen sind, wenn selbst die kleinsten Ritzen zugestopft sind, herrscht nur noch abgestandene, tote Luft statt einer kühlen, sanften, duftenden Brise! Jeder kann das spüren, doch es braucht Mut, um zu erkennen, dass man die Qualität der Brise zerstört hat, indem man sie eingesperrt hat.

Nichts im Leben lässt sich fangen und einsperren. Man muss in Offenheit leben und alle möglichen Erfahrungen zulassen und dankbar sein für alles, solange es dauert. Dankbar, doch ohne Angst vor dem Morgen. Wenn der heutige Tag einen wunderbaren Morgen, einen großartigen Sonnenaufgang, Vogelgezwitscher und herrliche Blumen mit sich gebracht hat, warum sollte man sich da wegen des nächsten Tages sorgen? Der nächste Tag ist ein weiteres Heute. Vielleicht wird der Sonnenaufgang andere Farben haben. Vielleicht werden die Vögel etwas andere Lieder singen, vielleicht wird der Himmel voller Wolken sein und der Tanz des Regens zu bewundern sein. Doch auch das hat seine eigene Schönheit, auch das nährt auf seine eigene Weise.

Nichts im Leben lässt sich fangen und einsperren. Man muss in Offenheit leben und alle möglichen Erfahrungen zulassen und dankbar sein für alles, solange es dauert.

Es ist gut, dass sich die Dinge ständig ändern, dass nicht jeder Abend gleich ist, dass nicht jeder Tag eine exakte Wiederholung des vorangegangenen ist. Etwas Neues – genau das ist schließlich die Aufregung und Ekstase des Lebens, andernfalls wäre man schnell gelangweilt. Und jene, die ihr Leben vollständig abgesichert haben, *sind* gelangweilt. Sie fühlen sich gelangweilt von ihrer Frau, von ihren Kindern, von ihren Freunden. Langeweile ist die Erfahrung von Millionen von Menschen, auch wenn sie lächeln, um es zu verbergen.

Friedrich Nietzsche sagte: »Glaubt nicht, dass ich ein glücklicher Mensch bin. Ich lächle nur, um Tränen zu vermeiden. Ich lenke mich mit Lächeln ab, um Tränen zu verhindern. Würde ich nicht lächeln, so kämen mir die Tränen.« Den Menschen wurde eine vollkommen falsche Einstellung beigebracht: Verbergt eure Tränen, bleibt immer auf Distanz, haltet andere zumindest auf Armlänge entfernt. Lasst andere nicht zu nahe kommen, denn dann könnten sie euer inneres Elend erkennen, eure Langeweile, eure Qual; dann würden sie erkennen, wie krank ihr seid.

Die gesamte Menschheit ist krank, aus dem einfachen Grund, weil wir die Unsicherheit des Lebens nicht zu unserer Religion gemacht haben. Unsere Götter sind unsere Sicherheit, unsere Tugenden sind unsere Sicherheit, unser Wissen ist unsere Sicherheit, unsere Beziehungen sind unsere Sicherheit. Wir verschwenden unser ganzes Leben damit, Sicherheiten anzusammeln. Und all unsere Tugenden, all unsere Askese, sind nichts anderes als ein Versuch, selbst nach dem Tod noch sicher zu sein. Sie sollen uns ein Guthaben in der anderen Welt verschaffen.

Doch dabei gleitet uns ein wunderbares Leben durch die Finger. Die Bäume sind so schön, weil sie keine Angst vor Unsicherheit haben. Die Tiere sind so voller Würde, weil sie nicht wissen, dass es den Tod gibt, dass es Unsicherheit gibt. Die Blumen können in der Sonne und im Regen tanzen, weil sie sich keine Sorgen machen, was am Abend sein wird. Ihre Blütenblätter fallen, und so, wie sie aus einer unbekannten Quelle aufgetaucht sind, werden sie in derselben unbekannten Quelle auch wieder verschwinden. Doch in der Zwischenzeit, zwischen diesen beiden Punkten des Auftauchens und des Verschwindens, habt ihr die Möglichkeit, entweder zu tanzen oder zu verzweifeln.

Ein authentischer Mensch lässt die Vorstellung von Sicherheit einfach fallen und beginnt in vollkommener Unsicherheit zu leben, denn das ist die Natur des Lebens. Man kann sie nicht verändern. Das, was man nicht verändern kann, sollte man akzeptieren – und voller Freude akzeptieren. Rennt nicht mit dem Kopf gegen die Wand, geht einfach durch die Tür.

Schattenboxen

Hier eine Parabel von Tschuang-tse:

Es war einmal ein Mann, der vom Anblick seines Schattens so verstört und vom Klang seiner Schritte so beunruhigt war, dass er beschloss, beides loszuwerden.
Er kam schließlich auf die Idee, vor ihnen wegzulaufen; also stand er auf und rannte los, doch jedes Mal, wenn er seinen Fuß aufsetzte, vernahm er einen weiteren Schritt, und sein Schatten konnte problemlos mit ihm mithalten.
Er führte seinen Misserfolg darauf zurück, dass er nicht schnell genug rannte. Also lief er schneller und schneller, ohne anzuhalten, bis er schließlich tot umfiel.
Es kam ihm niemals in den Sinn, dass sein Schatten verschwinden würde, wenn er nur in den Schatten ginge, und dass er keine Schritte mehr vernehmen würde, wenn er sich nur hinsetzte und still bliebe.

Der Mensch sorgt für seine eigene Verwirrung, indem er sich selbst ständig ablehnt, sich verurteilt, sich nicht akzeptiert. Daraus entsteht eine Kette von Verwirrung, innerem Chaos und Elend. Warum akzeptierst du dich nicht, wie du bist? Was ist falsch an dir? Die ganze Existenz akzeptiert dich, wie du bist, nur du selbst nicht.

Du hast ein Idealbild, das du erreichen möchtest. Dieses Ideal befindet sich immer in der Zukunft – das muss so sein, denn ein Ideal kann nicht in der Gegenwart existieren. Und die Zukunft ist nirgendwo; sie ist noch nicht geboren. Doch wegen dieses Ideals lebst du in der Zukunft – die nichts als ein Traum ist. Wegen des Ideals kannst du nicht hier und jetzt leben. Wegen des Ideals verurteilst du dich selbst.

Alle Ideologien, alle Ideale, führen zu solch einer Verurteilung, denn sie erzeugen ein Bild im Kopf. Und wenn du dich ständig mit diesem Bild vergleichst, wirst du immer das Gefühl haben, dass dir etwas fehlt, dass es dir an etwas mangelt. Aber es fehlt nichts, es gibt keinen Mangel. Du bist vollkommen, soweit Vollkommenheit überhaupt möglich ist.

Alle Ideologien, alle Ideale, führen zu solch einer Verurteilung, denn sie erzeugen ein Bild im Kopf. Und wenn du dich ständig mit diesem Bild vergleichst, wirst du immer das Gefühl haben, dass dir etwas fehlt.

Versucht das zu verstehen, denn nur dann könnt ihr Tschuang-tses Parabel verstehen. Sie ist eine der schönsten Parabeln, die jemals jemand erzählt hat, und sie dringt tief in den Mechanismus des menschlichen Verstandes ein. Warum habt ihr immer irgendwelche Ideale im Kopf? Warum seid ihr nicht gut genug, wie ihr seid? Warum seid ihr nicht wie Götter, jetzt, in diesem Augenblick? Wer oder was steht dazwischen? Wer oder was blockiert euch den Weg? Warum könnt ihr diesen Augenblick nicht genießen und voller Seligkeit sein? Was hindert euch?

Das Hindernis entsteht durch das Ideal. Wie könntet ihr den Augenblick genießen? Ihr seid voller Wut – zuerst müsst ihr die Wut loswerden. Wie könntet ihr selig sein? Ihr seid voller Sexualität – zuerst müsst ihr den Sex loswerden. Wie könntet ihr wie Götter sein und diesen Augenblick feiern? Ihr seid voller Gier, Leidenschaft und Wut – zuerst müsst ihr all das loswerden. Dann erst könnt ihr wie Götter sein.

So entsteht das Ideal, und aufgrund des Ideals verurteilt ihr euch. Vergleicht euch mit dem Ideal, und ihr werdet niemals vollkommen sein. Es ist unmöglich. Sobald ihr von »wenn« sprecht, ist Seligkeit unmöglich, denn dieses »Wenn« ist das größte Hindernis.

Sobald ihr sagt: »Erst wenn diese Bedingungen erfüllt sind, werde ich glücklich sein«, werden sich die Bedingungen niemals erfüllen. Und selbst wenn die Bedingungen eines Tages erfüllt wären, hättet ihr inzwischen jede Fähigkeit verloren, zu feiern und zu genießen. Und außerdem würde euer Kopf weitere Idealvorstellungen hervorbringen, selbst wenn die Bedingungen irgendwann erfüllt wären – falls das überhaupt möglich ist, denn sie können sich nicht erfüllen.

Auf diese Art und Weise habt ihr ein Leben nach dem anderen verschwendet. Ihr erzeugt ein Ideal und wollt diesem Ideal entsprechen; und dann fühlt ihr euch minderwertig und unzulänglich. Wegen eures träumenden Verstandes verurteilt ihr eure Realität; es sind eure Träume, die euch immer im Weg gestanden haben.

Ich sage euch genau das Gegenteil. Seid in diesem Augenblick wie Götter. Lasst Wut da sein, lasst Sex da sein, lasst Gier da sein – und feiert das Leben. Und nach und nach werdet ihr mehr Glück verspüren und weniger Wut, mehr Seligkeit und weniger Gier, mehr Freude und weniger Sex. Dann seid ihr auf dem richtigen Weg. Es geschieht nicht andersherum. Wenn ein Mensch das Leben in seiner Gesamtheit feiern kann, verschwindet alles Falsche. Doch wenn man versucht, zuerst alles Falsche verschwinden zu lassen, wird es niemals verschwinden.

Es ist so, als würde man gegen die Dunkelheit kämpfen. Dein Haus ist von Dunkelheit erfüllt, und du fragst: »Wie könnte ich eine Kerze anzünden? Bevor ich eine Kerze anzünden kann, muss diese Dunkelheit vertrieben werden.« Das ist genau das, was ihr bisher getan habt. Ihr denkt, dass erst die Gier verschwinden muss, damit Ekstase entstehen kann. Ihr Dummköpfe! Damit sagt ihr, dass erst die Dunkelheit verschwinden muss, damit ihr eine Kerze anzünden könnt, so als ob die Dunkelheit euch daran hindern könnte. Dunkelheit ist ein Nichts. Sie hat keinen Bestand, keine Substanz. Sie ist nur eine Abwesenheit, keine Anwesenheit. Sie ist nur die Abwesenheit von Licht – entzünde das Licht, und die Dunkelheit verschwindet.

Feiere, werde zu einer leuchtenden Flamme, und alles Falsche wird verschwinden. Wut, Gier, Sex oder was auch immer haben keine Substanz; sie sind nur die Abwesenheit von Seligkeit, von Ekstase.

Weil ihr nicht genießen könnt, seid ihr so voller Wut. Es ist nicht so, dass jemand diese Wut in euch hervorruft. Doch weil ihr nicht genießen könnt, fühlt ihr euch miserabel. Und deshalb seid ihr wütend. Die anderen sind nur ein Vorwand. Weil ihr nicht feiern könnt, kann euch keine Liebe begegnen – daher der Sex. Das bedeutet, dass man sich mit Schatten zufrieden gibt. Und dann sagt der Verstand: »Erst musst du diese Schatten loswerden, dann kann Gott herniedersteigen.« Das ist eine der offenkundigsten Dummheiten der Menschheit, und die älteste, und sie verfolgt jedermann.

Es fällt euch schwer zu glauben, dass ihr in diesem Moment Götter seid, doch ich frage euch, was fehlt euch? Was braucht ihr noch? Ihr seid lebendig, ihr atmet, ihr seid bewusst, was braucht ihr noch? In diesem Augenblick könnt ihr wie Götter sein. Selbst wenn ihr das Gefühl habt, ihr tut nur so als ob, macht euch deshalb keine Gedanken. Selbst wenn ihr das Gefühl habt: »Ich tu nur so, als ob ich wie ein Gott wäre«, tut einfach so – macht euch weiter keine Gedanken. Beginnt mit dem »Als-ob«, und bald wird die Realität folgen, denn in Wirklichkeit *seid* ihr es. Und sobald ihr anfangt, wie Götter zu leben, wird alles Elend, alle Verwirrung, alle Dunkelheit verschwinden. Werdet zu einem Licht, und dieses Werden hängt von keinen Bedingungen ab.

Nun möchte ich mich dieser wunderbaren Parabel zuwenden:

Es war einmal ein Mann, der vom Anblick seines Schattens so verstört und vom Klang seiner Schritte so beunruhigt war, dass er beschloss, beides loszuwerden.

Denkt daran, ihr seid dieser Mann – dieser Mann existiert in euch allen. Das ist die Art, wie ihr euch immer verhaltet, das ist eure Logik: Flucht vor dem Schatten. Dieser Mann war sehr verstört vom Anblick seines eigenen Schattens. Warum? Was ist falsch an einem Schatten? Warum sollte man wegen eines Schattens verstört sein? Weil es, wie ihr vielleicht gehört habt, heißt, dass die Götter keinen Schatten werfen. Wenn sie umhergehen, werfen sie keinen Schatten. Dieser Mann war wegen dieser Götter verstört.

Es heißt, dass im Himmel die Sonne aufgeht und die Götter umherwandeln; aber sie werfen keinen Schatten, sie sind durchsichtig. Doch ich sage euch: Das ist nur ein Traum. Nirgendwo existiert etwas, kann irgendetwas existieren, ohne einen Schatten zu werfen. Wenn etwas *ist*, dann entsteht auch ein Schatten. Nur wenn etwas *nicht ist*, verschwindet der Schatten.

Zu sein bedeutet, einen Schatten zu werfen. Eure Wut, euer Sex, eure Gier – all das sind Schatten. Doch denkt daran, dass es nur Schatten sind. Es gibt sie auf gewisse Art und Weise, und doch gibt es sie auch nicht – das ist die Bedeutung eines Schattens. Er ist nicht substanziell. Ein Schatten ist nur eine Abwesenheit. Du stehst da, die Strahlen der Sonne fallen auf dich, und durch dich werden ein paar Strahlen aufgehalten. Dadurch entsteht die Gestalt, die Form des Schattens. Er ist nur eine Abwesenheit. Du bist ein Hindernis für die Sonne; dadurch entsteht der Schatten.

Der Schatten besitzt keine Substanz, *du* bist es, der Substanz besitzt. Du besitzt Substanz; und das ist der Grund, warum der Schatten entsteht. Wenn du wie ein Geist wärst, gäbe es keinen Schatten. Und die Engel im Himmel sind nichts als Geister. Geister, die ihr euch erträumt habt, ihr und eure Ideologen, die eure Ideale geformt haben. Dieser Mann war verstört, weil er gehört hatte, dass man nur zu einem Gott werden kann, wenn der Schatten verschwindet.

Es war einmal ein Mann, der vom Anblick seines Schattens so verstört und vom Klang seiner Schritte so beunruhigt war, dass er beschloss, beides loszuwerden.

Was sind eure Befürchtungen? Wenn ihr ihnen tief nachgeht, werdet ihr nur den Klang eurer eigenen Schritte wahrnehmen. Warum seid ihr vom Klang eurer Schritte so beunruhigt? Ihr habt Substanz, also muss es Geräusche geben; das muss man einfach akzeptieren. Doch dieser Mann hatte die Geschichte gehört, dass die Götter keinen Schatten werfen und dass ihre Schritte keine Geräusche erzeugen, wenn sie gehen. Diese Götter können nichts anderes als Traumobjekte sein; sie existieren nur im Kopf. Dieser Himmel existiert nirgendwo! Wenn etwas existiert, entstehen dabei auch Geräusche. So ist das Leben einfach, dagegen kann man nichts tun. Das liegt einfach in der Natur der Dinge. Wenn man versucht, etwas dagegen zu tun, geht man in die Irre. Wenn man versucht, etwas dagegen zu tun, verschwendet man nur sein ganzes Leben, und am Ende wird man das Gefühl haben, dass man nirgendwo angekommen ist. Der Schatten ist immer noch da, die Schritte machen immer noch Geräusche, und der Tod klopft an.

❧

Was sind eure Befürchtungen? Wenn ihr ihnen tief nachgeht, werdet ihr nur den Klang eurer eigenen Schritte wahrnehmen.

❧

Bevor der Tod anklopft, akzeptiere dich selbst, denn dann geschieht ein Wunder. Das Wunder besteht darin, dass du nicht mehr vor dir selbst davonläufst, sobald du dich akzeptiert hast. So wie es jetzt ist, läuft jeder von euch nur vor sich selbst davon. Selbst wenn ihr zu mir kommt, kommt ihr zu mir als Teil eurer Flucht vor euch selbst. Das ist der Grund, warum ihr mich nicht erreichen könnt; darin besteht die Lücke. Wenn ihr zu mir kommt, um vor euch selbst zu fliehen, könnt ihr nicht wirklich zu mir kommen, denn meine ganze Bemühung geht dahin, euch zu helfen, nicht vor euch selbst zu fliehen. Versucht nicht, vor euch selbst zu fliehen; denn ihr könnt niemand anderer sein. Jeder Mensch hat ein bestimmtes Schicksal und eine bestimmte Individualität.

So wie dein Daumen einen Abdruck hinterlässt, der einzigartig und individuell ist – diese Art von Daumenabdruck hat niemals zuvor existiert und wird niemals mehr existieren, er gehört nur dir, es wird nie mehr denselben geben –, so gilt das auch für dein Wesen. Du besitzt ein einzigartiges, individuelles, mit keinem anderen vergleichbares Wesen; es hat nie zuvor existiert, und es wird nie mehr dasselbe geben, nur du besitzt es. Feiere es! Etwas Einzigartiges ist jedem Einzelnen geschehen, Gott hat jedem ein einzigartiges Geschenk gegeben, und ihr verdammt es. Ihr wollt etwas Besseres! Ihr versucht, weiser als das Leben zu sein, ihr versucht, weiser als das Tao zu sein, und damit geht ihr in die Irre.

❧

Du besitzt ein einzigartiges, individuelles, mit keinem anderen vergleichbares Wesen; es hat nie zuvor existiert, und es wird nie mehr dasselbe geben, nur du besitzt es. Feiere es!

❧

Denkt daran, der Teil kann niemals weiser als das Ganze sein, und was das Ganze macht, ist das Entscheidende, ihr könnt nichts daran ändern. Ihr könnt es versuchen und euch anstrengen und euer Leben dabei verschwenden, doch das wird nichts bewirken.

Das Ganze ist riesig; du bist nur eine einzelne winzige Zelle. Der Ozean ist riesig, du bist nur ein Tropfen darin. Der ganze Ozean ist salzig, und du versuchst süß zu sein – das ist unmöglich. Doch das Ego möchte das Unmögliche vollbringen, das Schwierige, das, was nicht zu machen ist. Und Tschuang-tse sagt: »Einfach ist richtig.« Warum könnt ihr nicht einfach sein und es annehmen? Warum nicht Ja zum Schatten sagen? In dem Augenblick, in dem ihr Ja sagt, könnt ihr ihn vergessen; er verschwindet – zumindest aus dem Kopf, selbst wenn er beim Körper bleibt.

Warum nicht Ja zum Schatten sagen? In dem Augenblick, in dem ihr Ja sagt, könnt ihr ihn vergessen; er verschwindet – zumindest aus dem Kopf, selbst wenn er beim Körper bleibt.

Doch wo ist das Problem? Wieso sollte ein Schatten ein Problem sein? Warum ein Problem daraus machen? So, wie ihr im Moment seid, macht ihr aus allem ein Problem. Dieser Mensch war verwirrt, verstört durch den Anblick seines eigenen Schattens. Er wäre gern ein Gott gewesen, er wäre gern ohne Schatten gewesen.

Doch ihr seid bereits Götter, und ihr könnt nichts werden, was ihr nicht bereits seid. Wie wäre das möglich? Ihr könnt nur das sein, was ihr seid – alles Werden ist nur eine Bewegung zu dem Wesen hin, das bereits da ist. Ihr könnt herumziehen und an die Türen anderer klopfen, doch das bedeutet nur, mit euch selbst Verstecken zu spielen. Es hängt von euch ab, wie oft ihr an den Türen anderer klopft und wie weit ihr herumwandert. Schließlich werdet ihr doch zu eurer eigenen Tür kommen und zu der Erkenntnis, dass eure eigene Tür immer schon da war. Niemand kann sie euch wegnehmen. Die Natur, das Tao, kann euch nicht genommen werden.

Dieser Mann war wegen seines Schattens verstört. Die Lösung, auf die er verfiel, war, vor ihm wegzulaufen – das ist die Lösung, auf die alle verfallen. Es scheint so, als hätte der Verstand eine verquere Logik. Was macht ihr zum Beispiel, wenn ihr euch wütend fühlt? Der Verstand sagt: »Sei nicht wütend, hör auf damit.« Was tut ihr also? Ihr unterdrückt die Wut, und je mehr ihr sie unterdrückt, desto mehr wird sie bis zu den Wurzeln eures Wesens vordringen. Dann seid ihr nicht mehr manchmal wütend und manchmal nicht; wenn ihr die Wut zu sehr unterdrückt habt, seid ihr *ständig* wütend. Die Wut wird euer System überschwemmen und wird euch vollständig vergiften; sie wird in alle eure Beziehungen vordringen. Selbst wenn ihr dann in jemanden verliebt seid, wird die Wut da sein und die Liebe gewalttätig machen. Und wenn ihr versucht, jemandem zu helfen, wird diese Hilfe Gift enthalten, einfach weil das Gift in euch vorhanden ist. Alle eure Handlungen werden es enthalten, werden euch spiegeln. Wenn ihr das dann wahrnehmt, sagt der Verstand: »Du hast deine Wut nicht genug unterdrückt, unterdrücke sie stärker.« Aber die Wut ist gerade wegen der Unterdrückung da, und der Verstand sagt nur: »Unterdrücke sie stärker!« Natürlich wird die Wut dann immer größer werden.

Euer Denken ist sexuell aufgrund eurer Unterdrückung, und der Verstand sagt: »Du musst deine Sexualität stärker unterdrücken. Finde neue Methoden und Wege und Möglichkeiten, sie zu unterdrücken, damit Keuschheit entsteht.« Doch auf diese Weise kann keine Keuschheit entstehen. Durch Unterdrückung wird nicht nur der Körper sexuell, sondern auch der Verstand, der Kopf. Dann fängt der Mensch an, ständig an Sex zu denken, wieder und wieder. Deshalb gibt es so viel Pornografie in der Welt.

Warum schauen sich die Leute so gern Bilder nackter Frauen an? Sind die Frauen selbst nicht genug? Sie sind es, mehr als genug! Woher also dieses Bedürfnis? Ein Bild ist immer stärker sexuell als eine wirkliche Frau. Eine wirkliche Frau besitzt einen Körper und einen Schatten, ihre Schritte sind zu hören, sie verursachen Geräusche. Ein Foto ist nur ein Traum; es ist vollkommen mental, nur im Kopf, und hat keinen Schatten. Eine wirkliche Frau schwitzt und hat Körpergeruch; ein Bild schwitzt niemals. Eine wirkliche Frau wird auch mal wütend; ein Bild wird niemals wütend. Eine wirkliche Frau wird älter, wird alt;

ein Bild bleibt immer jung und frisch. Ein Bild existiert nur im Kopf. Menschen, die die körperliche Sexualität unterdrücken, entwickeln eine mentale Sexualität. Dann dreht sich ihr Denken ständig um Sexualität, dann ist es eine Krankheit.

Wenn man sich hungrig fühlt, ist das in Ordnung; man isst einfach etwas. Doch wenn man ständig an Essen denkt, ist das Besessenheit und eine Krankheit. Wenn man sich hungrig fühlt, isst man einfach etwas und damit fertig. Doch ihr seid niemals mit etwas fertig, und alles geht nur in den Kopf.

> Mulla Nasruddins Frau war krank gewesen und operiert worden. Vor ein paar Tagen war sie aus dem Krankenhaus nach Hause gekommen, also fragte ich: »Wie geht es deiner Frau? Hat sie sich schon von ihrer Operation erholt?« Er erwiderte: »Nein, sie redet noch immer darüber.«

Wenn du über etwas nachsinnst, wenn du über etwas sprichst, dann ist es vorhanden. Und dadurch ist es umso gefährlicher, denn der Körper erholt sich, doch der Verstand kann weiter und weiter und weiter machen, unaufhörlich. Der Körper mag sich erholen, doch der Verstand wird sich niemals erholen.

Wenn man Hunger körperlich unterdrückt, dringt er in den Verstand vor. Das Problem wird dadurch nicht etwa ausgemerzt, es wird nach innen verlagert. Unterdrückt man etwas, verlagert es sich zu den Wurzeln. Wenn man dann keinen Erfolg hat, wird der Verstand sagen: Etwas stimmt nicht, du strengst dich nicht genügend an; streng dich mehr an.

Er kam schließlich auf die Idee, vor ihnen wegzulaufen.

Der Verstand hat nur zwei Alternativen, Kampf oder Flucht. Immer wenn ein Problem auftaucht, hat der Verstand nur zwei Vorschläge – entweder dagegen zu kämpfen oder davor wegzulaufen –, und beides ist falsch. Wenn man kämpft, bleibt man bei dem Problem stehen. Wenn man kämpft, bleibt das Problem ewig da. Wenn man kämpft, ist man gespalten, denn das Problem liegt nicht außen, es liegt im Innern.

Wenn du zum Beispiel wütend bist und dagegen ankämpfst, was geschieht dann? Die eine Hälfte deines Wesens ist mit der Wut identifiziert und die andere Hälfte mit der Vorstellung, dagegen anzukämpfen. Es ist, als ob sich deine beiden Hände bekämpfen würden. Welche kann dabei gewinnen? Du verschwendest einfach nur Energie. Keine wird gewinnen.

Man kann sich selbst etwas vormachen und denken, dass man seine Wut unterdrückt hat, dass man seine Wut jetzt im Griff hat. Doch dann muss man sie ständig im Griff behalten – man darf sich keinen einzigen Tag Urlaub gönnen. Wenn man sie nur einen einzigen Augenblick lang vergisst, verliert man damit seinen ganzen Sieg.

Warum könnt ihr euch nicht entspannen? Warum könnt ihr euch nicht gehen lassen? Weil ihr so viele Dinge unterdrückt habt. Ihr habt Angst, dass sie hochkommen, sobald ihr euch entspannt.

Menschen, die etwas unterdrückt haben, versuchen diese unterdrückten Dinge also immer im Griff zu behalten, und sie haben immer Angst. Sie können sich nicht entspannen. Warum fällt euch Entspannung so schwer? Warum könnt ihr nicht schlafen? Warum könnt ihr euch nicht entspannen? Warum könnt ihr euch nicht gehen lassen? Weil ihr so viele Dinge unterdrückt habt. Ihr habt Angst, dass sie hochkommen, sobald ihr euch entspannt. Eure so genannten religiösen Menschen können sich nicht entspannen; sie sind angespannt, und ihre Spannung entsteht durch genau dieses Phänomen. Sie haben etwas unterdrückt – und ihr sagt ihnen, sie sollen sich entspannen? Sie wissen, dass der Feind auftaucht, sobald sie sich entspannen. Der Verstand denkt entweder an Kampf – und wenn man kämpft, unterdrückt man – oder an Flucht. Doch wohin sollte man fliehen? Selbst wenn ihr in den Himalaja geht, wird die Wut euch folgen; sie ist euer Schatten. Die Sexualität wird euch folgen; sie ist euer Schatten. Wohin ihr auch geht, euer Schatten wird immer bei euch bleiben.

Er kam schließlich auf die Idee, vor ihnen wegzulaufen; also lief er los und rannte, doch jedes Mal, wenn er seinen Fuß aufsetzte, vernahm er einen weiteren Schritt, und sein Schatten konnte problemlos mit ihm mithalten.

Er war schockiert! Er rannte so schnell, doch für den Schatten machte das keinen Unterschied. Der Schatten folgte ihm ganz einfach, er schwitzte nicht einmal, er atmete nicht einmal schwer. Für den Schatten gab es kein Problem, denn ein Schatten hat keine Substanz, ein Schatten ist niemand. Der Mann hat vermutlich geschwitzt, er hat vermutlich schwer geatmet, doch der Schatten hielt immer Schritt mit ihm. Auf diese Weise könnt ihr den Schatten nicht loswerden. Weder Kampf noch Flucht kann euch helfen. Wohin solltet ihr gehen? Wo auch immer ihr hingeht, ihr werdet euch selbst mitnehmen, und euer Schatten ist ein Teil von euch.

Er führte seinen Misserfolg darauf zurück, dass er nicht schnell genug rannte. Also lief er schneller und schneller, ohne anzuhalten, bis er schließlich tot umfiel.

Man muss die Logik des Verstandes begreifen. Wenn man sie nicht begreift, fällt man ihr zum Opfer. Der Verstand besitzt eine fehlerhafte Logik; sie verläuft im Kreis, sie ist ein Teufelskreis. Wenn man auf sie hört, führt einen jeder Schritt immer mehr und mehr in den Teufelskreis hinein. Dieser Mann verhält sich vollkommen logisch; es lässt sich kein Fehler, keine Schwachstelle in seiner Logik erkennen. Es gibt kein Schlupfloch; er ist ein so vollkommener Logiker wie Aristoteles. Er sagt, wenn der Schatten ihm folgen konnte, dann zeigt das, dass er nicht schnell genug gerannt ist. Er muss schneller rennen; dann wird der Augenblick kommen, in dem der Schatten ihm nicht mehr folgen kann. Doch der Schatten gehört zu euch, es ist nicht jemand anderer, der euch folgt. Wenn es ein anderer wäre, wäre die Logik richtig.

Man muss die Logik des Verstandes begreifen. Wenn man sie nicht begreift, fällt man ihr zum Opfer.

Wenn jemand anderer diesen Mann verfolgt hätte, hätte er Recht gehabt, vollkommen Recht: Er war nicht schnell genug gerannt, und deshalb konnte der andere ihm folgen. Doch er hatte Unrecht, weil es niemand anderen gab. Der Verstand war in diesem Fall nutzlos.

Verwende den Verstand in Bezug auf andere, Meditation in Bezug auf dich selbst, das Denken in Bezug auf andere, das Nichtdenken in Bezug auf dich selbst – das ist es, was Tschuang-tse und die Zen-Meister und die Sufis und die Chassidim betonen, all jene, die wissen; Buddha, Jesus, Mohammed, all jene, die wussten. Sie betonen immer wieder, dass das Denken in Bezug auf andere gilt, doch das Nichtdenken in Bezug auf sich selbst.

Dieser Mann brachte sich in Schwierigkeiten, weil er das Denken auf sich selbst anwandte, und der Verstand hat sein eigenes Muster. Der Verstand sagte ihm: »Schneller, schneller! Wenn du schnell genug rennst, wird dir der Schatten nicht folgen können.«

Er führte seinen Misserfolg darauf zurück, dass er nicht schnell genug rannte.

Das Versagen war überhaupt nur deshalb entstanden, weil er rannte. Doch der Verstand kann das nicht erkennen; der Verstand ist dafür nicht programmiert. Er ist ein Computer, man muss ihn programmieren; er ist ein Mechanismus. Er kann nichts Neues hervorbringen; er kann nur das reproduzieren, was man in ihn hineinprogrammiert hat. Der Verstand kann nichts Neues hervorbringen; alles, was er hervorbringt, ist geborgt. Und wenn man süchtig danach ist, auf ihn zu hören, wird man immer wieder Probleme bekommen, sobald man sich seinem Inneren zuwendet. Wenn eine Umkehr stattfindet, eine Hinwendung zur Quelle, bringt man sich mit dem Verstand in Schwierigkeiten. Dann ist der Verstand absolut nutzlos – und nicht nur nutzlos, sondern schädlich, ein Hindernis. Also lasst ihn los.

Ich habe gehört:

Es geschah eines Tages, dass Mulla Nasruddins Sohn von seiner progressiven Schule nach Hause kam und ein Buch über Sexualität mitbrachte. Seine Mutter war sehr verstört, doch sie wartete, bis Mulla Nasruddin nach Hause kam. Etwas musste geschehen; diese progressive Schule ging wirklich zu weit! Als Mulla Nasruddin kam, zeigte ihm seine Frau das Buch.

Nasruddin ging nach oben, um seinen Sohn zu suchen.

Er fand ihn in seinem Zimmer, wo er das Dienstmädchen küsste. Nasruddin sagte zu ihm: »Mein Sohn, wenn du mit den Hausaufgaben fertig bist, komm bitte nach unten.«

Das ist nur logisch! Die Logik hat ihre eigenen Schritte, und jeder Schritt folgt dem vorhergehenden, ohne dass man an ein Ende gelangt. Der Mann, der Angst vor seinem eigenen Schatten hatte, folgte dem Verstand, also rannte er schneller und schneller, ohne anzuhalten, bis er schließlich tot umfiel. Schneller und schneller, ohne anzuhalten … dann kann nur noch der Tod kommen.

Ist euch schon einmal aufgefallen, dass ihr das Leben noch gar nicht erfahren habt? Dass euch noch kein einziger Augenblick *Leben* widerfahren ist? Ihr habt noch keinen einzigen Augenblick lang die Seligkeit erfahren, von der Tschuang-tse und Buddha sprechen. Und was wird euch in Zukunft widerfahren? Nichts wird euch widerfahren, außer dem Tod. Und je näher ihr dem Tod kommt, desto schneller rennt ihr, weil ihr denkt, dass ihr entkommen könnt, wenn ihr schneller rennt.

Wohin rennt ihr so schnell? Der Mensch und der menschliche Verstand waren immer schon verrückt nach Geschwindigkeit, so als ob wir irgendwohin gehen würden und Geschwindigkeit von Bedeutung wäre. Deshalb werden wir immer schneller und schneller. Doch wohin gehen wir? Am Ende, ob wir nun langsam oder schnell gehen, kommen wir immer nur zum Tod. Und jeder Mensch kommt im richtigen Moment an, ohne einen einzigen Augenblick zu verlieren. Jeder kommt rechtzeitig dort an, keiner kommt jemals zu spät. Ich habe schon davon gehört, dass Leute dem Tod zu früh begegnet sind, doch ich habe noch nie davon gehört, dass jemand zu seinem Tod zu spät gekommen wäre.

Er führte seinen Misserfolg darauf zurück, dass er nicht schnell genug rannte. Also lief er schneller und schneller, ohne anzuhalten, bis er schließlich tot umfiel. Es kam ihm niemals in den Sinn, dass sein Schatten verschwinden würde, wenn er nur in den Schatten ginge.

So einfach ist es, das Allereinfachste! Wenn man sich einfach nur in den Schatten begibt, wo die Sonne nicht scheint, verschwindet der eigene Schatten, weil er durch die Sonne entsteht. Er ist die Abwesenheit von Sonnenstrahlen. Wenn du dich unter einem Baum im Schatten befindest, verschwindet dein Schatten.

Es kam ihm niemals in den Sinn, dass sein Schatten verschwinden würde, wenn er nur in den Schatten ginge.

Dieser Schatten heißt Stille, dieser Schatten heißt innerer Frieden. Hört nicht auf den Verstand. Begebt euch einfach nur in den Schatten, in die innere Stille, in die keine Sonnenstrahlen vordringen können.

Ihr bleibt immer an der Oberfläche, das ist das Problem. Dort befindet ihr euch im Licht der äußeren Welt, und ein Schatten entsteht. Schließt die Augen, begebt euch in den Schatten. In dem Augenblick, in dem man die Augen schließt, ist die Sonne nicht mehr da. Daher wird jede Meditation mit geschlossenen Augen durchgeführt – man begibt sich dabei in seinen eigenen Schatten. Im Innern gibt es keine Sonne und keinen Schatten. Im Äußeren gibt es die Gesellschaft, und dort finden sich alle Arten von Schatten. Ist euch schon einmal aufgefallen, dass eure Wut, eure Sexualität, eure Gier, euer Ehrgeiz – dass all das ein Teil der Gesellschaft ist? Wenn ihr euch nach innen begebt und die Gesellschaft draußen lasst, wo ist dann die Wut? Wo ist die Sexualität? Doch denkt daran, wenn ihr anfangt, die Augen zu schließen, sind sie noch nicht wirklich geschlossen. Ihr tragt Bilder des Äußeren in eurem Innern, und darin werdet ihr dieselbe Gesellschaft gespiegelt finden. Doch wenn ihr immer weiter und weiter und weiter nach innen geht, wird die Gesellschaft früher oder später zurückbleiben. Dann seid ihr wirklich im Innern, und die Gesellschaft ist draußen – dann habt ihr euch von der Oberfläche zum Zentrum bewegt.

In diesem Zentrum herrscht Stille: keine Wut und keine gegen die Wut gerichtete Energie, kein Sex und keine Keuschheit, keine Gier und keine Freiheit von Gier, keine Gewalt und keine Gewaltlosigkeit – denn all das ist im Außen. Denkt daran, auch das Gegenteil befindet sich außen – im Innern seid ihr weder dieses noch jenes, sondern einfach ein Wesen, rein. Das ist es, was ich damit meine, wie ein Gott zu sein – ein reines Wesen ohne Gegensätze drumherum, ohne Kampf oder Flucht. Nur einfaches Sein. Damit hast du dich in den Schatten begeben.

Es kam ihm niemals in den Sinn, dass sein Schatten verschwinden würde, wenn er nur in den Schatten ginge.

Und wenn er sich hingesetzt und sich nicht mehr bewegt hätte, wenn er still dagesessen wäre, hätte es auch keine Schritte mehr gegeben. Es ist wirklich ganz einfach. Doch das, was einfach ist, ist schwierig für den Verstand, weil es für den Verstand immer einfacher ist, zu rennen und zu kämpfen, denn dann gibt es etwas zu tun. Wenn man dem Verstand sagt: »Tu gar nichts«, ist das das Allerschwierigste für ihn. Der Verstand wird sagen: »Gib mir wenigstens ein Mantra, das ich rezitieren kann, wenn ich die Augen geschlossen habe – om, om … ram, ram. Gib mir etwas zu tun, denn wie kann ich einfach nichts tun, nichts hinterherrennen, nichts verfolgen?«

Für den Verstand ist es immer einfacher, zu rennen und zu kämpfen, denn dann gibt es etwas zu tun. Wenn man dem Verstand sagt: »Tu gar nichts«, ist das das Allerschwierigste für ihn.

Der Verstand ist Aktivität, und Sein ist vollkommene Nichtaktivität. Der Verstand ist Rennen, Sein ist Sitzen. Die Oberfläche, die Peripherie, bewegt sich, das Zentrum bewegt sich nicht. Beobachtet einmal, wie sich ein Wagenrad bewegt – das Rad dreht sich, doch das Zentrum, um das sich das ganze Rad dreht, ist statisch, vollkommen statisch, unbeweglich. Das Zentrum, das Wesen ist immer unbewegt, und die Peripherie ist ständig in Bewegung. Das ist die Erfahrung, um die es beim Tanz der Derwische geht, bei der Drehmeditation der Sufis. Wenn du sie machst, lass den Körper zur Peripherie werden – der Körper bewegt sich –, doch du selbst bist ewig unbewegt. Werde zu einem Rad. Der Körper wird zur Peripherie, und du bist das Zentrum. Bald wirst du im Innern wahrnehmen können, dass du dich nicht bewegst, während der Körper sich immer schneller und schneller und schneller dreht; und je schneller sich der Körper dreht, desto besser, denn dadurch entsteht mehr Kontrast. Plötzlich bist du vom Körper getrennt.

Der Verstand ist Aktivität, und Sein ist vollkommene Nichtaktivität. Der Verstand ist Rennen, Sein ist Sitzen. Die Oberfläche, die Peripherie, bewegt sich, das Zentrum bewegt sich nicht.

Doch ihr bewegt euch ständig mit eurem Körper, sodass keine Trennung entsteht. Geht und setzt euch hin. Einfaches Sitzen ist genug, ohne etwas zu tun. Schließt einfach die Augen und sitzt und sitzt und sitzt, und lasst alles zur Ruhe kommen. Das wird Zeit brauchen, weil ihr so viele Leben lang nicht zur Ruhe gekommen seid, weil ihr alle möglichen Störungen hervorgerufen habt. Es wird Zeit brauchen – aber einfach nur Zeit. Man braucht nichts zu tun; nur schauen und sitzen, schauen und sitzen ... Die Zen-Lehrer nennen es Zazen. Zazen bedeutet einfach nur zu sitzen und nichts zu tun.

Das ist es, was Tschuang-tse sagt:

Es kam ihm niemals in den Sinn, dass sein Schatten verschwinden würde, wenn er nur in den Schatten ginge, und dass er keine Schritte mehr vernehmen würde, wenn er sich nur hinsetzte und still bliebe.

Es gab keinen Grund zu kämpfen, und es gab keinen Grund zu fliehen. Das Einzige, was es brauchte, war, sich in den Schatten zu begeben und still zu sitzen.

Und das gilt es das ganze Leben lang zu tun. Kämpft nicht mit den Dingen, und versucht nicht, vor etwas zu fliehen. Lasst die Dinge ihren eigenen Lauf nehmen. Schließt einfach die Augen und begebt euch nach innen ins Zentrum, wohin keine Sonnenstrahlen jemals vordringen. Dort gibt es keinen Schatten – und tatsächlich ist das die Bedeutung des Mythos, dass die Götter keinen Schatten haben. Nicht, dass es irgendwo Götter gibt, die keinen Schatten werfen, sondern dass der Gott in deinem Innern keinen Schatten hat, weil nichts Äußeres so weit vordringt. Nichts kann bis hierher vordringen; es befindet sich immer im Schatten.

Tschuang-tse nennt diesen Schatten *Tao,* die innerste Natur – zutiefst im Innern, vollkommen im Innern.

Was also ist zu tun? Erstens, hört nicht auf den Verstand.

Er ist ein gutes Werkzeug für die äußere Welt, doch ein Hindernis für die innere. Logik ist gut in Bezug auf andere Menschen, doch nicht in Bezug auf dich selbst. Im Umgang mit äußeren Dingen braucht es Logik und Zweifel. Wissenschaft beruht auf Zweifel, Religiosität dagegen beruht auf Glauben, auf Vertrauen. Setze dich einfach hin, im tiefen Vertrauen, dass deine innere Natur die Herrschaft übernehmen wird. Das tut sie garantiert. Man muss nur warten, es braucht nur Geduld. Und was immer der Verstand auch sagt, hör nicht darauf.

Hört auf den Verstand nur in Bezug auf die äußere Welt, nicht in Bezug auf die innere – da muss man ihn einfach beiseite lassen. Und es gibt keinen Grund, gegen ihn zu kämpfen, denn wenn man ihn bekämpft, beeinflusst er einen möglicherweise erst recht. Man muss ihn einfach beiseite legen. Das ist es, was Glauben bedeutet. Glauben ist kein Kampf gegen den Verstand – denn wenn man kämpft, wird man vom Feind beeinflusst. Denkt daran, kein Freund hat jemals so viel Einfluss wie ein Feind. Wenn man ständig mit jemandem kämpft, wird man von ihm beeinflusst, weil man seine Methoden übernehmen muss, um ihn zu bekämpfen. Feinde werden sich schließlich immer ähnlicher. Es ist sehr schwierig, von einem Feind unbeeinflusst und unabhängig zu bleiben; der Feind beeinflusst einen.

Kein Freund hat jemals so viel Einfluss wie ein Feind. Wenn man ständig mit jemandem kämpft, wird man von ihm beeinflusst, weil man seine Methoden übernehmen muss, um ihn zu bekämpfen.

Und jene, die anfangen, gegen den Verstand zu kämpfen, werden nur zu Philosophen. Sie sprechen dann vielleicht vom Nichtdenken, doch ihr ganzes Sprechen dreht sich um das Denken. Sie sagen dann vielleicht: »Seid gegen den Verstand«, doch was immer sie sagen, kommt aus dem Verstand, selbst ihre Feindschaft ihm gegenüber. Mit einem Feind bleibt man immer verbunden, und nach und nach finden Feinde zu einem Übereinkommen, und dann werden sie miteinander identisch.

Denkt also immer daran: Kämpft nicht gegen den Verstand. Sonst werdet ihr euch seinen Bedingungen beugen müssen. Wenn ihr den Verstand überzeugen wollt, müsst ihr Argumente finden, und das ist der entscheidende Punkt. Wenn ihr den Verstand überzeugen wollt, müsst ihr Worte verwenden, und das ist das ganze Problem. Legt ihn also einfach beiseite. Das ist nicht gegen den Verstand gerichtet, es geht über ihn hinaus. Es bedeutet nichts anderes, als ihn abzulegen. So wie ihr eure Schuhe anzieht, wenn ihr nach draußen geht, und sie auszieht, wenn ihr wieder nach Hause kommt – da gibt es keinen Kampf. Ihr sagt auch nicht zu den Schuhen: »Jetzt gehe ich ins Haus, und ihr werdet nicht mehr gebraucht, also stelle ich euch jetzt beiseite.« Ihr tut es einfach, denn sie werden nicht mehr gebraucht.

Genauso beim Verstand – einfach ist richtig – ohne Kampf. Einfach ist richtig – ohne Kampf und ohne Konflikt. Man legt einfach den Verstand beiseite, geht in den inneren Schatten und setzt sich. Dort hört man keine Schritte, und kein Schatten verfolgt einen. Man wird Gott ähnlich. Und man kann nur das werden, was man bereits ist. Deshalb sage ich euch, ihr seid bereits Gott ähnlich, ihr seid Götter.

Gebt euch also nicht mit weniger zufrieden.

Falsche Werte

Es gibt etwas Fundamentales, an das man sich immer erinnern muss: Der Mensch ist sehr geschickt darin, falsche

Werte zu erschaffen. Wahre Werte fordern dich ganz, verlangen dein ganzes Wesen; falsche Werte dagegen sind billig. Sie wirken echt, doch sie fordern dich nicht ganz – sie verlangen nur eine oberflächliche Form.

Zum Beispiel haben wir anstelle von Liebe und Vertrauen einen falschen Wert erschaffen, der »Treue« heißt. Treue hat nur an der Oberfläche etwas mit Liebe zu tun. Ein treuer Mensch vollführt all die Gesten der Liebe, doch sie bedeuten ihm nichts; sein Herz bleibt bei diesen formalen Gesten außen vor.

Ein Sklave ist treu – doch glaubt ihr, dass jemand, der zum Sklaven gemacht wurde, dessen Menschsein reduziert wurde, dessen Stolz und Würde verletzt wurden, den Menschen lieben kann, der ihn so tief gedemütigt hat?

Er hasst ihn, und wenn sich die Gelegenheit bietet, wird er ihn töten! Doch an der Oberfläche wird er loyal sein – muss er loyal sein.

Nicht aus Freude, sondern aus Angst. Nicht aus Liebe, sondern aus einem konditionierten Verstand heraus, der sagt, man muss seinem Herrn treu ergeben sein. Es ist die Treue des Hundes zu seinem Herrn.

Liebe erfordert ein vollständigeres Beteiligtsein. Sie entspringt nicht dem Pflichtgefühl, sondern dem eigenen Herzschlag, der eigenen Erfahrung von Freude, dem Verlangen, sie zu teilen. Treue ist etwas Hässliches. Doch jahrtausendelang genoss sie hohe Wertschätzung, denn die Gesellschaft hat die Menschen auf vielerlei Art zu Sklaven gemacht.

Die Ehefrau sollte ihrem Mann treu sein – das ging so weit, dass in Indien Millionen von Frauen mit ihrem Mann in den Tod gingen, indem sie sich mit seinem Leichnam verbrennen ließen. Das galt als so ehrbar, dass jede Frau, die es nicht tat, ein äußerst verachtetes Leben führen musste. Sie wurde fast zu einer Ausgestoßenen; sie wurde selbst in ihrer eigenen Familie nur noch wie eine Dienerin behandelt. Wenn eine Frau nicht mit ihrem Mann sterben wollte, hieß das, dass sie ihm nicht treu war.

Doch denkt nur einmal an den umgekehrten Fall: Kein einziger Mann hat sich je mit seiner Frau verbrennen lassen!

Und niemand hat die Frage gestellt: »Bedeutet das, dass kein Ehemann jemals seiner Frau treu war?« Doch es ist eine Gesellschaft mit einer Doppelmoral. Eine Moral gilt für die Herren, die Meister, die Besitzer, und eine andere Moral gilt für die Sklaven.

Liebe ist eine gefährliche Erfahrung, weil man von etwas besessen ist, das größer ist als man selbst. Und sie ist nicht kontrollierbar; man kann sie nicht auf Befehl hervorbringen.

Sobald sie verschwunden ist, gibt es keine Möglichkeit, sie zurückzuholen. Alles, was man tun kann, ist, etwas vorzuspielen, zum Heuchler zu werden.

Treue dagegen ist etwas vollkommen anderes. Sie wird von deinem eigenen Verstand produziert, sie kommt nicht von jenseits von dir. Sie ist etwas Eingeübtes, wie andere Dinge, die man einüben kann. Man beginnt, anderen etwas vorzuspielen, und nach und nach fängt man an, selbst daran zu glauben. Treue verlangt, dass man immer, im Leben und im Tod, dem anderen treu und ergeben bleibt, ob das Herz dem nun zustimmt oder nicht. Treue ist eine psychologische Methode der Versklavung.

Liebe führt zu Freiheit. Treue führt zu Sklaverei. An der Oberfläche wirken beide ähnlich; blickt man tiefer, sind sie entgegengesetzte Phänomene, diametral entgegengesetzt. Treue ist reine Schauspielerei; man ist dazu erzogen worden. Liebe ist wild, und in dieser Wildheit liegt ihre ganze Schönheit. Sie kommt wie eine duftende Brise, erfüllt dein Herz, und wo zuvor eine Wüste war, entsteht plötzlich ein Garten voller Blüten. Doch du weißt nicht, woher sie kommt, und du weißt nicht, was sie bringt. Sie kommt und bleibt so lang, wie die Existenz es will. Und so, wie sie eines Tages kam, als Fremder, als Gast, so ist sie eines Tages auch wieder verschwunden. Man kann sie nicht festhalten, man kann sich nicht an sie klammern.

❧

Liebe führt zu Freiheit. Treue führt zu Sklaverei.
An der Oberfläche wirken beide ähnlich; blickt man tiefer,
sind sie entgegengesetzte Phänomene.

❧

Die Gesellschaft kann nicht auf solch unvorhersehbaren, unzuverlässigen Erfahrungen aufbauen.

Sie braucht Garantien, Sicherheiten; deshalb hat sie die Liebe vollständig aus dem Leben entfernt und die Ehe an ihren Platz gesetzt.

Die Ehe kennt Treue, Treue zum Ehemann, zur Ehefrau, und weil Treue nur formal ist, liegt sie in eurer Hand … doch sie ist nichts im Vergleich zu Liebe – nicht einmal ein Tropfen im Ozean der Liebe.

❧

Treue ist reine Schauspielerei; man ist dazu erzogen worden.
Liebe ist wild, und in dieser Wildheit liegt ihre
ganze Schönheit.

❧

Doch die Gesellschaft ist glücklich damit, denn Treue ist verlässlich. Der Ehemann kann darauf vertrauen, dass du auch morgen noch genauso treu bist wie heute. Der Liebe kann man nicht vertrauen – und das seltsamste Phänomen ist, dass Liebe höchstes Vertrauen ist, doch dass man ihr nicht vertrauen kann. Sie mag im einen Augenblick da sein, doch der nächste Augenblick ist vollkommen offen. Sie kann stärker werden; sie kann sich auch verflüchtigen. Doch der Ehemann wünscht sich eine Frau, die ihr ganzes Leben lang seine Sklavin bleibt. Er kann sich nicht auf Liebe verlassen; er muss etwas erschaffen, was wie Liebe aussieht, was aber vom menschlichen Verstand erzeugt wird.

Das seltsamste Phänomen ist, dass Liebe höchstes Vertrauen ist, doch dass man ihr nicht vertrauen kann. Sie mag im einen Augenblick da sein, doch der nächste Augenblick ist vollkommen offen. Sie kann stärker werden; sie kann sich auch verflüchtigen.

Nicht nur in Liebesbeziehungen, auch in anderen Lebensbereichen wird Treue sehr geschätzt. Doch sie zerstört die Intelligenz. Ein Soldat muss seinem Volk treu sein. Der Mann, der Atombomben auf Hiroshima und Nagasaki abwarf – man kann nicht sagen, dass er dafür verantwortlich war; er hat einfach nur seine Pflicht erfüllt. Es wurde ihm befohlen, und er war seinen Vorgesetzten treu ergeben; darin besteht schließlich das ganze Training in der Armee. Jahrelang wird man abgerichtet, sodass man fast unfähig wird zur Revolte. Selbst wenn man erkennt, dass ein Befehl absolut falsch ist, geht die Konditionierung doch so tief, dass man sagt: »Zu Befehl, wird gemacht.«

Ich kann mir nicht vorstellen, dass der Mann, der die Bomben auf Hiroshima und Nagasaki abwarf, eine Maschine war. Auch er hatte ein Herz, wie ihr auch. Auch er hatte eine Frau und Kinder, eine Mutter und einen Vater.

Er war ein menschliches Wesen wie ihr auch – mit einem Unterschied: Er war dazu ausgebildet, Befehle zu befolgen, ohne zu fragen, und als der Befehl gegeben wurde, befolgte er ihn einfach.

Ich habe immer wieder über diesen Mann nachgedacht. Ist es vorstellbar, dass er nicht darüber nachdachte, dass diese Bomben fast 200 000 Menschen töten würden? Hätte er nicht sagen können: »Nein! Lieber lasse ich mich wegen Befehlsverweigerung erschießen, als 200 000 Menschen zu töten!« Aber vielleicht ist ihm diese Idee überhaupt nicht gekommen.

Die Armee sorgt dafür, dass Treue und Gehorsam aufgebaut werden; das beginnt mit ganz kleinen Dingen. Man fragt sich, warum jeder Soldat jahrelang Paraden mitmachen und dumme Befehle befolgen muss – links kehrt, rechts kehrt, kehrt um, vorwärts marsch – stundenlang, ohne Sinn und Zweck. Doch es hat durchaus einen verborgenen Zweck. Die Intelligenz wird dabei zerstört. Der Soldat wird in einen Automaten verwandelt, in einen Roboter. Wenn dann der Befehl kommt: »Links kehrt«, stellt er keine Fragen mehr. Wenn jemand zu dir sagen würde: »Links kehrt«, würdest du fragen: »Was soll der Unsinn? Warum sollte ich nach links gehen? Ich gehe nach rechts!« Doch ein Soldat darf nicht zweifeln und nachfragen; er muss einfach nur gehorchen. Das ist seine grundlegende Konditionierung.

Es ist gut für Könige und Generäle, wenn Armeen so treu und gehorsam sind, dass sie wie eine Maschine funktionieren, nicht mehr wie ein Mensch. Es ist bequem für Eltern, wenn ihre Kinder gehorsam sind, denn ein rebellisches Kind ist ein Problem. Vielleicht haben die Eltern Unrecht, und das Kind hat Recht, aber es muss den Eltern gehorchen; das ist Teil der alten menschlichen Konditionierung, die bisher gültig war.

❧

Es ist bequem für die Eltern, wenn ihre Kinder gehorsam sind, denn ein rebellisches Kind ist ein Problem. Vielleicht haben die Eltern Unrecht, und das Kind hat Recht, aber es muss den Eltern gehorchen.

❧

Ich lehre euch das neue Menschsein, in dem Treue und Gehorsam keinen Platz mehr haben, das stattdessen Intelligenz besitzt, die Fähigkeit, nachzufragen, Nein zu sagen. Für mich ist euer Ja bedeutungslos, solange ihr nicht fähig seid, Nein zu sagen. Euer Ja ist einfach nur auf eine Schallplatte gepresst, ihr könnt nichts dagegen tun, ihr müsst Ja sagen, weil das Nein einfach nicht in euch auftaucht.

❧

Dein Ja ist bedeutungslos, solange du nicht fähig bist, Nein zu sagen.

❧

Das Leben und die Zivilisation wären ganz anders, wenn die Menschen zu mehr Intelligenz erzogen worden wären. So viele Kriege hätte es niemals gegeben, weil die Menschen gefragt hätten: »Wozu? Warum sollten wir andere Menschen töten, Menschen, die vollkommen unschuldig sind?« Doch die anderen sind ihrem eigenen Land treu ergeben, und ihr seid eurem Land treu ergeben, und die Politiker der beiden Länder bekriegen sich und opfern ihre Leute. Wenn die Politiker so gern kämpfen, sollen sie doch einen Ringkampf veranstalten, und die Leute können wie bei einem Fußballspiel zuschauen und es genießen.

Aber die Könige und die Politiker, die Präsidenten und die Premierminister gehen nicht in den Krieg. Die einfachen Leute, die gar nichts damit zu tun haben, sie ziehen in den Krieg, um andere zu töten und getötet zu werden.

Und dann werden sie für ihre Treue ausgezeichnet – mit dem Victoriakreuz oder anderen Medaillen –, dafür, dass sie unmenschlich waren, unintelligent, mechanisch.

Loyalität ist nichts anderes als eine Kombination von Krankheiten – von Glauben, Pflicht, Ehrbarkeit. Das alles ist Nahrung für das Ego. Das alles schadet dem spirituellen Wachstum, doch es dient den Interessen anderer. Die Priester wollen nicht, dass ihr Fragen zu ihrem Glauben stellt, denn sie wissen, dass sie keine Antworten haben. Alle Glaubenssysteme sind so falsch, dass sie zusammenbrechen, wenn man sie infrage stellt. Stellt man sie nicht infrage, können sie große Religionsgemeinschaften mit Millionen von Menschen bilden.

Der Papst hat Millionen von Menschen unter sich, und von diesen Millionen von Menschen stellt kein einziger die Frage: »Wie kann eine Jungfrau ein Kind gebären?« Das wäre schließlich ein Sakrileg! Von Millionen von Menschen fragt kein einziger: »Wo ist der Beweis dafür, dass Jesus der Sohn Gottes ist? Das kann schließlich jeder behaupten. Wo ist der Beweis, dass Jesus die Menschen von ihrem Elend erlöst hat? Schließlich konnte er nicht einmal sich selbst retten.« Doch solche Fragen wären peinlich, und sie werden einfach nicht gestellt. Gott ist nichts als eine Hypothese, die religiöse Menschen seit Jahrtausenden zu beweisen versuchen ... mit allen möglichen Beweisen, doch alle waren reiner Schwindel, ohne Substanz, ohne existenziellen Beweis. Doch niemand fragt danach.

Vom ersten Lebenstag an werden die Menschen dazu erzogen, dem Glaubenssystem treu zu sein, in das sie hineingeboren wurden. Es ist praktisch für die Priester, wenn sie euch ausbeuten können, es ist praktisch für die Politiker, wenn sie euch ausbeuten können, es ist praktisch für Ehemänner, wenn sie ihre Frauen ausbeuten können, es ist praktisch für Eltern, wenn sie ihre Kinder ausbeuten können, es ist praktisch für Lehrer, wenn sie ihre Schüler ausbeuten können. Treue und Gehorsam sind einfach notwendig für alle Arten von Autorität. Doch sie führen die Menschen in geistige Unreife. Sie erlauben kein Nachfragen. Sie erlauben keinen Zweifel. Sie erlauben keine Intelligenz. Und ein Mensch, der nicht in der Lage ist, zu zweifeln, zu fragen, Nein zu sagen, wenn er das Gefühl hat, dass etwas nicht richtig ist, ist unter das menschliche Niveau gefallen, ist zu einem unter dem Menschen stehenden Tier geworden.

Wenn Liebe gefordert wird, wird daraus Treue. Wenn Liebe gegeben wird, ohne dass sie gefordert wird, ist sie ein Geschenk. Dann hebt sie dein Bewusstsein. Wenn Vertrauen gefordert wird, wirst du dadurch zum Sklaven. Doch wenn Vertrauen in dir auftaucht, entsteht etwas in deinem Herzen, das über das Menschsein hinausgeht. Der Unterschied ist klein, doch von enormer Bedeutung: Wenn Liebe und Vertrauen gefordert oder befohlen werden, werden sie falsch. Wenn sie von selbst entstehen, besitzen sie einen enormen inneren Wert. Dann machen sie dich nicht zum Sklaven, sondern zum Meister deiner selbst, denn es ist deine Liebe, es ist dein Vertrauen. Du folgst deinem eigenen Herzen. Du folgst nicht jemand anderem. Du wirst nicht gezwungen zu folgen. Aus deiner Freiheit entsteht deine Liebe. Aus deiner Würde entsteht dein Vertrauen – und beide machen dich zu einem reicheren Menschen.

Das ist meine Vorstellung vom neuen Menschen. Die Menschen werden lieben, doch sie werden nicht zulassen, dass Liebe befohlen wird. Sie werden vertrauen, doch sie werden dabei ihrem eigenen Gefühl folgen – und nicht irgendwelchen Schriften, nicht irgendeiner sozialen Ordnung, nicht irgendeinem Priester, nicht irgendeinem Politiker.

Das Leben dem eigenen Herzen entsprechend zu leben, dem eigenen Herzschlag zu folgen, sich allein ins Unbekannte zu begeben, so wie ein Adler in absoluter Freiheit durch den Himmel fliegt, ohne Grenzen zu kennen … das lässt sich nicht befehlen. Es trägt seine eigene Freude in sich. Es ist die Erfüllung der eigenen Spiritualität.

Werkzeuge der Transformation

Es ist eine der härtesten Wahrheiten, dass man immer derselbe bleibt – was immer wir tun, wir bleiben doch dieselben. Es gibt kein »Wachstum«. Das ganze Ego wird dadurch vernichtet, denn das Ego lebt für Wachstum, für die Vorstellung von Verbesserung, für die Vorstellung, dass man eines Tages irgendwo ankommen wird. Vielleicht nicht heute, aber doch morgen oder wenigstens übermorgen. Wenn man die Tatsache erkennt, dass es kein Besserwerden in der Welt gibt, dass das Leben einfach ein Feiern ist, dass es kein Geschäftemachen ist – sobald man das verstanden hat, hört der ganze Egotrip auf, und man wird ganz plötzlich auf den Augenblick zurückgeworfen.

Akzeptiere dich selbst

In dem Augenblick, in dem du dich selbst akzeptierst, wirst du offen, wirst du verwundbar, wirst du empfänglich. In dem Augenblick, in dem du dich selbst akzeptierst, gibt es keine Notwendigkeit mehr für irgendeine Zukunft, denn es gibt keine Notwendigkeit mehr, irgendetwas zu verbessern. Dann ist alles gut, alles ist gut, wie es ist. Durch diese Erfahrung erhält das Leben eine neue Farbe, entsteht eine neue Musik.

Wenn du dich selbst akzeptiert hast, beginnst du alles zu akzeptieren. Wenn du dich selbst ablehnst, lehnst du im Grunde genommen das ganze Universum ab; wenn du dich selbst ablehnst, lehnst du das Leben ab. Wenn du dich selbst akzeptierst, hast du auch das Leben akzeptiert; dann gibt es nichts mehr zu tun, als es zu genießen, als es zu feiern. Dann gibt es keine Anklagen mehr, keinen Groll, nur noch Dankbarkeit. Dann ist das Leben gut und ebenso der Tod, dann ist Freude gut und ebenso Traurigkeit, dann ist es gut, mit dem Geliebten zusammen zu sein, und ebenso gut ist es, alleine zu sein. Dann ist alles gut, was geschieht, weil es aus dem Ganzen heraus geschieht.

Doch ihr seid jahrhundertelang dazu konditioniert worden, euch selbst nicht zu akzeptieren. Alle Kulturen der Welt haben den menschlichen Verstand vergiftet, weil sie alle auf einem Anspruch basieren: Du musst besser werden. Sie alle erzeugen Angst in euch – Angst ist der angespannte Zustand zwischen dem, was man ist, und dem, was man sein sollte. Die Menschen müssen einfach ängstlich und angespannt sein, wenn es im Leben ein »Sollte« gibt. Wie kann man entspannt sein, wenn es ein Ideal gibt, das es zu erfüllen gilt? Wie kann man sich zu Hause fühlen? In diesem Zustand ist es unmöglich, total zu leben, denn der Verstand sehnt sich ständig nach der Zukunft. Und diese Zukunft kommt niemals – sie kann nicht kommen, einfach weil eure Sehnsucht so ist, wie sie ist. Denn wenn die Zukunft kommt, werdet ihr euch andere Dinge vorstellen, werdet ihr anfangen, euch nach anderen Dingen zu sehnen. Man kann sich immer etwas Besseres vorstellen. Und man kann immer angespannt sein, ängstlich, besorgt – so hat die Menschheit jahrhundertelang gelebt.

Angst ist der angespannte Zustand zwischen dem, was man ist, und dem, was man sein sollte. Die Menschen müssen einfach ängstlich und angespannt sein, wenn es im Leben ein »Sollte« gibt.

Nur ganz selten, nur dann und wann einmal, ist ein Mensch dieser Falle entkommen. Solch ein Mensch wird ein Buddha genannt, ein Christus. Der erwachte Mensch ist jemand, der der Falle der Gesellschaft entkommen ist, der gesehen hat, wie absurd das alles ist. Man kann sich selbst nicht verbessern. Und denkt daran, ich sage damit nicht, dass keine Verbesserung geschehen kann – aber du selbst kannst dich nicht verbessern. Wenn du aufhörst, besser werden zu wollen, wird das Leben dich verbessern. In dieser Entspannung, in dieser Akzeptanz, beginnt das Leben dich zu liebkosen, beginnt das Leben durch dich zu fließen. Und wenn du keinen Groll in dir trägst, keine Anklage, beginnst du aufzublühen, beginnst du dich zu entfalten.

❧

Wenn du aufhörst, besser werden zu wollen, wird das Leben dich verbessern. In dieser Entspannung, in dieser Akzeptanz, beginnt das Leben dich zu liebkosen, beginnt das Leben durch dich zu fließen.

❧

Deshalb möchte ich euch sagen: Akzeptiert euch selbst, wie ihr seid. Und das ist das Schwierigste auf der Welt, weil es gegen eure Ausbildung geht, gegen eure Erziehung, gegen eure Kultur. Von Anfang an wurde euch gesagt, wie ihr sein sollt. Niemand hat euch jemals gesagt, dass ihr gut seid, so wie ihr seid; alle haben euch nur irgendwelche Programme eingepflanzt. Ihr seid von Eltern, Priestern, Politikern, Lehrern programmiert worden – und ihr seid auf ein einziges Ziel hin programmiert worden: immer weiter an euch selbst zu arbeiten und besser zu werden. Immer etwas anderem hinterherzurennen, wo immer ihr auch seid. Niemals zu rasten. Bis zum Tod zu arbeiten.

Meine Lehre ist einfach: Schiebt das Leben nicht auf. Wartet nicht auf morgen, denn morgen wird niemals kommen. Lebt heute!

Jesus sagte zu seinen Jüngern: »Seht die Lilien auf dem

Felde. Sie arbeiten nicht, sie weben nicht, sie spinnen nicht – doch selbst Salomon in all seiner Pracht war nicht so herrlich gekleidet wie diese einfachen Blumen.« Worin besteht die Schönheit der Blumen? Sie leben in vollkommener Akzeptanz. Sie sind nicht darauf programmiert, sich zu verbessern. Für sie gibt es nur hier und jetzt – im Wind zu tanzen, ein Sonnenbad zu nehmen, sich mit den Wolken zu unterhalten, in der Nachmittagswärme zu dösen, mit den Schmetterlingen zu flirten ... zu genießen, zu sein, zu lieben, geliebt zu werden.

Die ganze Existenz beginnt ihre Energie in dich fließen zu lassen, wenn du offen bist. Dann sind die Bäume grüner, als sie dir jetzt erscheinen, dann ist die Sonne sonniger, als sie dir jetzt erscheint; dann wird alles psychedelisch, wunderbar farbig. Andernfalls ist alles eintönig und langweilig und grau.

Akzeptiere dich selbst – das ist Gebet. Akzeptiere dich selbst – das ist Dankbarkeit. Sei entspannt mit dem, was du bist – so hat Gott dich gewollt. Nichts anderes wollte er von dir; sonst hätte er dich zu jemand anderem gemacht. Er hat dich zu *dir* gemacht und zu niemandem sonst. Wenn du versuchst, dich selbst zu verbessern, versuchst du im Grunde, Gott zu verbessern – was einfach dumm ist, und wenn du es versuchst, wirst du nur verrückt dabei werden. Du wirst nirgendwo ankommen, und dabei versäumst du einfach nur eine großartige Gelegenheit.

Lass das deine Farbe sein: Akzeptanz. Lass das dein Kennzeichen sein: Akzeptanz, vollkommene Akzeptanz. Und dann wirst du staunen: Das Leben ist immer bereit, seine Gaben über dir auszuschütten. Das Leben ist kein Geizhals, das Leben gibt immer in Fülle – doch wir können es nicht annehmen, weil wir nicht das Gefühl haben, es wert zu sein.

Das Leben ist kein Geizhals, das Leben gibt immer in Fülle – doch wir können es nicht annehmen, weil wir nicht das Gefühl haben, es wert zu sein.

Das ist der Grund, warum sich die Menschen an ihr Elend klammern – es passt zu ihrer Programmierung. Die Menschen bestrafen sich selbst immer wieder auf tausenderlei subtile Arten. Warum? Weil das zu ihrem Programm passt. Wenn man nicht so ist, wie man sein sollte, muss man sich selbst bestrafen, muss man sich selbst unglücklich machen. Das ist der Grund, warum sich die Leute gut fühlen, wenn sie unglücklich sind.

Lasst es mich noch einmal sagen: Die Menschen sind glücklich, wenn sie unglücklich sind, und sie fühlen sich sehr, sehr unwohl, wenn sie glücklich sind. Das ist es, was ich bei Tausenden von Menschen beobachtet habe: Wenn sie unglücklich sind, ist alles so, wie es sein sollte. Sie akzeptieren es – es passt zu ihrer Konditionierung, zu dem, was ihr Verstand sagt. Sie wissen, wie furchtbar sie sind, sie wissen, dass sie Sünder sind.

Man hat euch gesagt, dass ihr in Sünde geboren seid. Welche Dummheit! Welcher Unsinn! Der Mensch wird nicht in Sünde geboren, er wird in Unschuld geboren. Es gab niemals eine Erbsünde, es gab immer nur eine Erbunschuld. Jedes Kind wird voller Unschuld geboren. Wir sorgen dafür, dass es sich schuldig fühlt – wir sagen ihm: »Das sollte nicht sein. Du solltest so und so sein.« Das Kind ist natürlich und unschuldig. Wir bestrafen es dafür, dass es natürlich und unschuldig ist, und wir belohnen es, wenn es künstlich und raffiniert ist. Wir belohnen es dafür, dass es unecht und verlogen ist – alle unsere Belohnungen gehen an verlogene Leute. Wenn jemand unschuldig ist, geben wir ihm keine Belohnung; wir beachten ihn nicht, wir haben keinen Respekt vor ihm. Der Unschuldige wird verdammt, der Unschuldige wird fast schon auf eine Stufe mit einem Kriminellen gestellt. Der Unschuldige wird für dumm gehalten, der Gerissene und Raffinierte für intelligent. Der Verlogene wird akzeptiert – denn der Verlogene passt zu einer verlogenen Gesellschaft.

Es gab niemals eine Erbsünde, es gab immer nur eine Erbunschuld. Jedes Kind wird voller Unschuld geboren.

Deshalb wirst du dich dein ganzes Leben lang bemühen, immer mehr und mehr Bestrafungen auf dich zu ziehen. Alles, was du tust, ist sowieso falsch, also musst du dich für jede Freude bestrafen. Und selbst wenn Freude von allein auftaucht – ganz ohne dein Zutun und ohne dass du etwas dagegen tun kannst –, wenn Gott dir manchmal einfach so begegnet und du ihm nicht ausweichen kannst – sofort beginnst du dich selbst dafür zu bestrafen. Etwas muss schief gelaufen sein – wie könnte das einem so schrecklichen Menschen wie dir sonst passieren?

Selbst wenn Freude von allein auftaucht, beginnst du dich selbst sofort dafür zu bestrafen. Etwas muss schief gelaufen sein – wie könnte das einem so schrecklichen Menschen wie dir sonst passieren?

Erst vor kurzem hat mich ein Mann gefragt: »Du sprichst über Liebe, Osho, du sprichst davon, unsere Liebe anzubieten. Doch was könnte ich anderen schon geben? Was könnte ich meiner Geliebten schon anbieten?«

Das ist der heimliche Gedanke in jedem von euch: »Ich

habe doch nichts.« Was habt ihr nicht? Niemand hat euch erzählt, dass ihr die Schönheit aller Blumen in euch tragt – denn der Mensch ist die wunderbarste Blume dieser Erde, das am weitesten entwickelte Wesen. Kein Vogel kann das Lied singen, das ihr singen könnt – die Lieder der Vögel sind im Vergleich dazu nur Lärm, auch wenn sie schön sind, weil sie aus der Unschuld kommen. Ihr könnt viel bessere Lieder singen, mit mehr Inhalt, mehr Bedeutung. Doch ihr sagt: »Was habe ich schon?«

Bäume sind schön, Sterne sind schön, Flüsse sind schön – doch habt ihr jemals etwas Schöneres gesehen als ein menschliches Gesicht? Seid ihr jemals etwas Schönerem begegnet als menschlichen Augen? Auf der ganzen Welt gibt es nichts Zarteres als menschliche Augen – keine Rose kann da mithalten, keine Lotusblume kann konkurrieren. Und welche Tiefe! Doch ihr fragt euch: »Was kann ich in meiner Liebe schon anbieten?« Ihr müsst ein Leben voller Selbstverurteilung geführt haben; ihr müsst euch selbst herabgesetzt, ihr müsst euch mit Schuldgefühlen überladen haben.

Wenn jemand euch liebt, seid ihr darüber tatsächlich ein wenig überrascht. »Wie – *mich*? Jemand anderer liebt *mich*?« Und in eurem Kopf taucht die Idee auf: »Weil er mich nicht kennt, darum kann er mich lieben. Wenn er mich erst kennt, wenn er mich erst durchschaut, wird er mich nicht mehr lieben.« Und so beginnen Liebende, sich voreinander zu verbergen. Sie halten viele Dinge geheim, und sie verbergen ihre Geheimnisse, weil sie Angst haben, dass die Liebe verschwindet, wenn sie ihr Herz öffnen – wenn sie sich selbst nicht lieben können, wie können sie sich da vorstellen, dass jemand anderer sie lieben könnte?

Liebe beginnt mit Selbstliebe. Seid nicht selbstsüchtig, sondern selbstbewusst – und das sind zwei ganz unterschiedliche Dinge. Seid keine Narzissten, seid nicht von euch selbst besessen. Doch natürliche Selbstliebe ist ein Muss, ein grundlegendes Phänomen. Nur aus Selbstliebe heraus kann Liebe für andere entstehen.

❧

Seid nicht selbstsüchtig, sondern selbstbewusst – und das sind zwei ganz unterschiedliche Dinge. Seid keine Narzissten, seid nicht von euch selbst besessen. Doch natürliche Selbstliebe ist ein Muss.

❧

Akzeptiere dich selbst, liebe dich selbst, denn du bist Gottes Schöpfung. Du trägst Gottes Handschrift, du bist besonders, einzigartig. Niemand anderer vor dir war jemals wie du, und niemand anderer wird jemals wieder wie du sein – du bist einzigartig, unvergleichbar. Akzeptiert das, liebt das, feiert das – und in diesem Feiern werdet ihr anfangen, die Einzigartigkeit der anderen zu erkennen, die unvergleichliche Schönheit der anderen. Liebe ist nur möglich, wenn man sich selbst, die anderen und die Welt zutiefst akzeptiert. Akzeptanz erschafft die Atmosphäre, in der Liebe wachsen kann, den Boden, in dem Liebe erblüht.

Sei verwundbar

Lao-tse sagt:

> *Wenn der Mensch geboren wird, ist er zart und schwach; wenn er stirbt, ist er hart und steif. Wenn Dinge und Pflanzen lebendig sind, sind sie biegsam und weich; wenn sie tot sind, sind sie brüchig und hart. Härte und Steifheit sind also die Begleiter des Todes, und Weichheit und Sanftheit sind die Begleiter des Lebens.*
> *Darum wird eine Armee in der Schlacht verlieren, wenn sie*

unnachgiebig ist. Darum wird ein Baum gefällt, wenn er hart ist. Das Große und Starke gehört nach unten. Das Weiche und Sanfte gehört nach oben.

Das Leben ist ein Fluss, ein Fließen, ein Kontinuum ohne Anfang und Ende. Es geht nirgendwohin, es ist immer hier. Es geht nicht von einem Punkt zu einem anderen, es geht immer von hier nach hier. Die einzige Zeit zum Leben ist jetzt, und der einzige Ort dafür ist hier. Es gibt keinen Kampf, um etwas zu erreichen, denn es gibt nichts zu erreichen. Es gibt keinen Kampf, um etwas zu erobern, denn es gibt nichts zu erobern. Es gibt keine Anstrengung, etwas zu schützen, denn es gibt nichts, wovor man sich schützen müsste. Es gibt nur das Leben, allein, vollkommen allein, wunderschön in seinem Alleinsein, majestätisch in seinem Alleinsein.

Man kann das Leben auf zwei Arten leben: Man kann mit ihm fließen – dann ist man ebenfalls majestätisch, dann besitzt man Anmut, die Anmut der Gewaltlosigkeit, ohne Konflikt, ohne Kampf. Dann besitzt man Schönheit – wie ein Kind, wie eine Blume, sanft, zart, unverdorben. Wenn man mit dem Leben fließt, ist man religiös. Das ist es, was Religion für Lao-tse oder für mich bedeutet.

Gewöhnlich bedeutet Religion einen Kampf gegen das Leben, für Gott. Gewöhnlich bedeutet es, dass Gott das Ziel ist und dass das Leben verweigert und bekämpft werden muss. Das Leben muss geopfert werden, Gott muss erlangt werden. Diese gewöhnliche Religion ist eigentlich gar keine Religion. Diese gewöhnliche Religion ist einfach nur Teil des gewöhnlichen, gewalttätigen, aggressiven Verstandes.

Es gibt keinen Gott jenseits des Lebens; das Leben ist Gott. Wenn man das Leben ablehnt, lehnt man Gott ab; wenn man das Leben opfert, opfert man Gott. Bei allen

Opfern wird immer nur Gott geopfert. George Gurdjieff pflegte zu sagen – es klingt paradox, doch es ist wahr –, dass alle Religionen gegen Gott sind. Wenn das Leben Gott ist, dann bedeutet es, sich gegen Gott zu wenden, wenn man es ablehnt, wenn man ihm entsagt, wenn man es opfert. Es scheint, als hätte Gurdjieff nicht viel über Lao-tse und den Taoismus gewusst. Doch selbst wenn er davon gewusst hätte, hätte er wohl dasselbe gesagt, denn Lao-tse scheint nicht auf gewöhnliche Weise religiös zu sein. Er ist viel mehr ein Dichter, ein Musiker, ein Künstler, ein schöpferischer Mensch als ein Theologe, ein Priester, ein Prediger, ein Philosoph. Er ist so gewöhnlich, dass man sich gar nicht vorstellen kann, dass er religiös ist. Doch religiös zu sein bedeutet in Wahrheit, im Leben so außergewöhnlich gewöhnlich zu sein, dass der Teil sich nicht gegen das Ganze richtet, sondern der Teil mit dem Ganzen fließt. Religiös zu sein bedeutet, nicht vom Fluss der Dinge getrennt zu sein.

Unreligiös zu sein bedeutet, den eigenen Vorstellungen zu folgen, im Versuch, zu gewinnen, zu erobern, etwas zu erreichen. Wenn man ein Ziel hat, ist man unreligiös. Wenn man ans Morgen denkt, ist man nicht religiös. Religion kennt kein Morgen. Aus diesem Grund sagte Jesus: »Denkt nicht an morgen. Seht die Lilien auf dem Felde, sie blühen jetzt.« Alles, was ist, ist jetzt. Alles, was lebendig ist, ist jetzt lebendig. Jetzt ist die einzige Zeit, die einzige Ewigkeit.

Wenn man ein Ziel hat, ist man unreligiös. Wenn man ans Morgen denkt, ist man nicht religiös. Religion kennt kein Morgen.

Es gibt zwei Möglichkeiten. Die eine ist, gegen das Leben zu kämpfen, die eigenen, privaten Ziele dem Leben entgegenzustellen – und alle Ziele sind privat, alle Ziele sind persönlich. Dann versuchst du, dem Leben dein eigenes Muster überzustülpen. Du versuchst das Leben dazu zu bringen, dir zu folgen, dabei bist du doch nur ein winziger Teil, so unendlich klein, und doch versuchst du, das ganze Universum hinter dir her zu ziehen. Natürlich musst du besiegt werden. Du musst deine Anmut verlieren, du musst hart dabei werden.

Kampf erzeugt Härte. Denke einfach nur an Kampf, und schon kommt eine subtile Härte über dich. Denke nur an Widerstand, und schon entsteht eine Kruste um dich, die dich wie ein Kokon umschließt. Schon allein die Vorstellung, dass du ein bestimmtes Ziel hast, macht dich zu einer Insel; du bist nicht mehr Teil des großen Kontinents des Lebens. Und wenn du vom Leben getrennt bist, bist du wie ein Baum, der von der Erde getrennt ist. Er mag noch ein wenig von der früheren Nahrung zehren, doch in Wahrheit stirbt er bereits. Ein Baum braucht Wurzeln; ein Baum muss in der Erde verwurzelt sein, mit ihr verbunden, ein Teil von ihr.

Ihr müsst mit dem Kontinent des Lebens verbunden sein, Teil davon, darin verwurzelt. Wenn ihr im Leben verwurzelt seid, seid ihr weich, denn ihr fürchtet euch nicht. Angst führt zu Härte. Angst führt zur Vorstellung von Sicherheit, Angst führt zu der Vorstellung, sich schützen zu müssen. Und nichts tötet wie Angst, denn bereits in der Vorstellung von Angst ist man von der Erde getrennt, ist man entwurzelt.

Ihr müsst mit dem Kontinent des Lebens verbunden sein, Teil davon, darin verwurzelt. Wenn ihr im Leben verwurzelt seid, seid ihr weich, denn ihr fürchtet euch nicht.

Dann lebt man von der Vergangenheit – das ist der Grund, warum ihr so viel an die Vergangenheit denkt. Das ist kein Zufall. Der Verstand denkt ständig entweder an die Vergangenheit oder an die Zukunft. Warum so viel an die Vergangenheit denken? Vergangenes ist vergangen! Es kann nicht zurückgeholt werden. Die Vergangenheit ist tot! Warum denkt ihr ständig über die Vergangenheit nach, die nicht mehr ist und an der sich nichts mehr ändern lässt? Ihr könnt sie nicht leben, ihr könnt nicht darin sein, aber sie kann euch den gegenwärtigen Augenblick zerstören. Doch es muss eine tief verwurzelte Ursache dafür geben. Diese tief verwurzelte Ursache ist die, dass ihr gegen das Ganze ankämpft. Und wenn ihr gegen das Ganze ankämpft, wenn ihr gegen den Fluss des Lebens ankämpft, seid ihr entwurzelt. Ihr seid zu einem winzigen, verkapselten Phänomen geworden, in euch verschlossen. Ihr seid zu Individuen geworden, ihr seid kein Teil des expandierenden Universums mehr, der Weite. Nein, ihr seid kein Teil mehr davon. Ihr müsst jetzt wie Geizhälse von den alten Vorräten leben; das ist der Grund, warum der Verstand ständig mit der Vergangenheit beschäftigt ist.

Und ihr müsst euch auch irgendwie vorbereiten, um für den Kampf gerüstet zu sein; das ist der Grund, warum ihr ständig über die Zukunft nachdenkt. Die Zukunft gibt euch Hoffnung, die Vergangenheit gibt euch Nahrung, und genau zwischen den beiden liegt die Ewigkeit, liegt das Leben selbst, das ihr verpasst. Zwischen der Vergangenheit und der Zukunft seid ihr eher tot als lebendig.

Es gibt eine andere Lebensweise – tatsächlich die einzige Lebensweise, denn auf eure Art und Weise sollte man nicht leben; der Weg des Kampfes ist nicht die Art und Weise, wie man leben sollte. Die andere Lebensweise ist, mit dem Fluss zu fließen, so sehr mit ihm zu fließen, dass man gar nicht mehr das Gefühl hat, getrennt zu sein und mit ihm zu fließen. Nein, man wird ein Teil davon – und nicht nur ein Teil, man ist mit ihm verschmolzen; man ist zum Fluss geworden, es gibt keine Trennung mehr. Wenn man nicht kämpft, wird man zum Leben selbst. Wenn man nicht kämpft, wird man zur Weite, zum Unendlichen. Im Osten ist dieser Zustand als Hingabe, als Vertrauen bekannt – was wir als *shraddha,* Vertrauen ins Leben, bezeichnet haben. Nicht Vertrauen in den individuellen Verstand, sondern Vertrauen in den Kosmos. Nicht Vertrauen in den Teil, sondern Vertrauen ins Ganze. Nicht Vertrauen in den Verstand, sondern Vertrauen ins Leben. In der Hingabe wird man plötzlich wieder weich, denn es gibt keine Notwendigkeit mehr, hart zu sein. Man ist nicht am Kämpfen, es gibt keine Feindschaft. Es gibt keine Notwendigkeit, sich zu schützen, keinen Drang, sicher zu sein; man ist bereits mit dem Leben verschmolzen.

Und das Leben *ist* sicher! Nur das individuelle Ego ist unsicher; es braucht Schutz, es braucht Sicherheit, es braucht einen Panzer um sich herum. Es ist voller Angst, ständig am Zittern – wie kann man da leben? Ihr lebt in Angst und Sorge, ihr lebt nicht wirklich. Ihr verliert alles Entzücken, die reine Freude am Sein – und es ist eine reine Freude. Sie hat keinen Grund; sie entsteht einfach nur, weil du bist. Sie sprudelt einfach nur in dir hoch, weil du bist. Sobald du offen bist und mit dem Leben fließt, sprudelst du ständig über vor Freude, ohne jeden Grund! Du beginnst einfach zu spüren, dass zu *sein* bedeutet, glücklich zu sein.

Das ist der Grund, warum die Hindus die letzte Wirklichkeit *satchitananda* genannt haben – Wahrheit, Bewusstsein, Glückseligkeit. Es bedeutet, dass zu *sein* Glückseligkeit ist, dass wahr zu sein Glückseligkeit ist. Es gibt keine andere Art zu sein. Wenn man unglücklich ist, zeigt das nur, dass man den Kontakt zum Sein verloren hat. Unglücklich zu sein bedeutet, dass man irgendwie entwurzelt ist; dass man vom Fluss getrennt ist, dass man zu einem gefrorenen Block geworden ist, zu einem Eiswürfel, der im Fluss treibt, aber nicht mit ihm verbunden ist. Er kämpft und versucht sogar, gegen den Strom zu schwimmen – das Ego möchte immer gegen den Strom schwimmen, denn das Ego fühlt sich wohl, wenn es eine Herausforderung hat. Das Ego ist immer auf der Suche nach Kampf. Wenn es niemanden zum Kämpfen findet, fühlt es sich mies. Es braucht jemanden zum Kämpfen. Im Kampf fühlt ihr euch gut, denn dann *seid* ihr. Doch das ist eine pathologische Art, eine neurotische Art des Seins. Neurose bedeutet, gegen den Fluss zu kämpfen. Wenn man kämpft, wird man hart. Wenn man kämpft, umgibt man sich selbst mit einer toten Mauer. Natürlich ist das eigene Sein dann tot. Man verliert alle Weichheit, Klarheit, Anmut, Sanftheit. Dann schleppt man sich nur noch dahin und ist nicht mehr wirklich lebendig.

Lao-tse ist für Hingabe. Er sagt: »Gib dich dem Leben hin. Erlaube dem Leben, dich zu führen, und versuche nicht, das Leben zu führen. Versuche nicht, das Leben zu manipulieren und zu kontrollieren, lass vielmehr das Leben dich manipulieren und kontrollieren. Lass das Leben Besitz von dir ergreifen. Gib dich einfach hin, sag einfach: ›Ich bin nicht.‹ Übergib dem Leben alle Macht und geh mit ihm.«

Das ist schwierig, denn das Ego sagt: »Wer bin ich denn dann noch? Wenn ich mich hingegeben habe, bin ich nicht mehr.« Doch wenn das Ego nicht mehr ist, ist es tatsächlich so, dass *du* zum ersten Mal wirklich *bist*. Zum ersten Mal bist du nicht mehr das Endliche, sondern das Unendliche. Zum ersten Mal bist du nicht mehr der Körper, das Verkörperte, sondern das Nichtverkörperte, die Weite, die sich immer mehr ausdehnt – ohne Anfang und ohne Ende.

Doch das Ego weiß davon nichts. Das Ego hat Angst. Es sagt: »Was machst du denn da, willst du dich verlieren? Du wirst verloren sein, du wirst ein Niemand sein.« Wenn du auf das Ego hörst, wird dich das Ego immer wieder auf den neurotischen Weg führen, den Weg, »jemand zu sein«. Doch je mehr du zu jemandem wirst, desto mehr wird sich das Leben aus dir zurückziehen. Schau dir die Leute an, die in der Welt Erfolg hatten, die zu jemandem geworden sind, deren Namen im *Who's Who* zu finden sind. Schau sie dir an, beobachte sie: Du wirst feststellen, dass sie ein unechtes Leben führen. Sie sind nur Masken mit nichts dahinter, hohle Menschen – ausgestopft vielleicht, doch nicht lebendig. Leer.

Beobachte die Menschen, die in der Welt erfolgreich sind, die zu jemandem geworden sind – Präsidenten, Premierminister, Superreiche –, die alles erreicht haben, was es in der Welt zu erreichen gibt. Beobachte sie, berühre sie, sieh sie dir an; du wirst etwas Totes spüren. Du wirst in ihnen kein pulsierendes Herz finden. Vielleicht schlägt ihr Herz noch, doch dieses Schlagen ist nur noch mechanisch. Ihr Herzschlag hat alle Poesie verloren. Sie schauen dich an, doch ihre Augen sind trüb, der Glanz des Lebendigseins fehlt. Sie schütteln dir vielleicht die Hand, doch in ihren Händen wirst du nichts fließen spüren, wirst du keinen Energieaustausch spüren, wirst du keine Wärme spüren, die dich willkommen heißt. Eine tote Hand – mit einem Gewicht, doch ohne Liebe. Schau dir ihre Umgebung an; sie leben in der Hölle. Sie hatten Erfolg, sie sind jemand geworden, und nun sind sie nur noch von Hölle umgeben. Du begibst dich auf denselben Pfad, wenn du versuchst, jemand zu werden.

Lao-tse sagt, sei ein Niemand, dann wird das unendliche Leben in dir fließen. Denn jemand zu sein blockiert den Fluss des Lebens. Niemand zu sein, eine unendliche Leere zu sein, lässt alles zu. Wolken können sich darin bewegen, Sterne können sich darin bewegen. Sie wird durch nichts gestört. Und man hat nichts zu verlieren, denn alles, was verloren gehen könnte, hat man bereits aufgegeben.

In solch einem Seinszustand bleibt man ewig jung. Der Körper wird natürlich alt, doch der innerste Kern des Seins bleibt jung und frisch. Er wird niemals alt, er ist niemals tot. Und Lao-tse sagt, das bedeutet es, wirklich religiös zu sein. Fließe mit dem Tao, bewege dich mit dem Tao, erschaffe dir keine privaten Ziele und Wünsche. Das Ganze weiß es besser; du bist einfach mit ihm verbunden. Das Ganze hat dich erschaffen, das Ganze atmet in dir, das Ganze lebt in dir. Wozu machst du dir Sorgen? Überlass die Verantwortung dem Ganzen. Du gehst einfach, wohin es dich führt. Versuche nichts zu zwingen und zu planen, und bitte nicht um bestimmte Ziele, denn dann taucht Frustration auf, und du wirst hart und wirst die Gelegenheit verpassen, lebendig zu sein.

Und das ist der springende Punkt: Wenn du das Leben geschehen lässt, wird mehr Leben geschehen. Und wenn du dich selbst lebendig sein lässt, wird noch mehr Leben geschehen. Jesus sagt immer wieder: »Kommt zu mir, und ich werde euch den Weg zum ewigen Leben zeigen, den Weg zur Fülle des Lebens. Leben im Überfluss, Leben in Fülle.« Doch ihr lebt wie Bettler. Ihr könntet wie Kaiser sein, und niemand anderer ist dafür verantwortlich. Euer Streben, ihr selbst zu sein, an eurem Ego festzuhalten, ist der ganze Grund für euer Unglück.

Nun zu den Sutren:

Wenn der Mensch geboren wird, ist er zart und schwach.

Beobachtet einmal ein neugeborenes Baby. Es hat noch keinen Panzer um sich herum, keine Kruste. Es ist verwundbar, offen, weich – Leben in seiner reinsten Form. Es wird nicht lange so sein, bald werden sich Persönlichkeitsschichten darum herum bilden, es wird gefangen, eingesperrt durch die Gesellschaft, die Eltern, die Schule, die Universität; bald wird das Leben nur noch zu einem entfernten Phänomen. Dann wird der Mensch mehr und mehr zum Gefangenen. Das Leben wird weiter irgendwo tief in ihm pulsieren, doch selbst er wird sein Pulsieren nicht mehr wahrnehmen können.

Doch wenn ein Kind geboren wird, beobachtet es. Wieder und wieder geschieht das Wunder. Wieder und wieder zeigt das Leben euch den Weg, wie man sein kann, wieder und wieder sagt das Leben euch, dass sich das Leben jeden Tag erneuert. Alte Menschen sterben, und kleine Babys werden geboren. Wozu? Es ist sehr deutlich, dass das Leben nicht an das Alter glaubt. Würde das Leben von Ökonomen gelenkt, würden sie das für sehr unwirtschaftlich halten, für eine Verschwendung. Ein alter Mann – ausgebildet und erfahren in den Wegen der Welt und des Lebens –, wenn er fertig ist, wenn er denkt, dass er weise geworden ist, kommt der Tod und ersetzt ihn durch ein kleines Baby ohne jedes Wissen, ohne alle Weisheit, vollkommen frisch, ein unbeschriebenes Blatt; alles muss von neuem geschrieben werden. Würde man einen Ökonomen fragen, würde er das als Dummheit bezeichnen! Gott hätte zuerst die Ökonomen befragen sollen. Was macht er denn da? Verschwendung, reine Verschwendung! Ein ausgebildeter Mann von 80 Jahren stirbt, und ein nicht ausgebildetes Baby ersetzt ihn – es sollte andersherum sein, dann wäre es ökonomischer.

Doch das Leben glaubt nicht an Wirtschaftlichkeit. Und es ist gut, dass es nicht daran glaubt, denn sonst wäre die

Welt schon längst ein großer Friedhof. Es glaubt an Leben, nicht an Wirtschaftlichkeit. Es ersetzt weiter alte Menschen durch junge, tote Menschen durch neugeborene, harte Menschen durch weiche. Die Bedeutung ist klar: Das Leben liebt Weichheit, denn durch ein weiches Wesen kann das Leben leichter fließen.

Wenn der Mensch geboren wird, ist er zart und schwach.

Und Lao-tse besteht auch auf dem zweiten Punkt: dass das Leben nicht an Stärke glaubt. Schwäche besitzt eine Schönheit, denn sie ist zart und weich. Wenn ein Sturm kommt, werden die großen, starken Bäume entwurzelt. Kleine Pflanzen biegen sich einfach nur, und der Sturm zieht vorbei, und sie lächeln wieder und blühen weiter. Tatsächlich hat der Sturm sie erfrischt, hat er sie vom Staub befreit, das ist alles. Sie sind dadurch noch lebendiger, jünger, frischer, und der Sturm hat ihnen zu einem guten Bad verholfen. Doch die alten Bäume, die sehr stark waren, sind gefallen, weil sie Widerstand geleistet haben. Sie konnten sich nicht beugen; sie waren sehr egoistisch.

❧

Wenn ein Sturm kommt, werden die großen, starken Bäume entwurzelt. Kleine Pflanzen biegen sich einfach nur, und der Sturm zieht vorbei, und sie lächeln wieder und blühen weiter.

❧

Lao-tse sagt: »Das Leben liebt die Schwachen.« Und das ist auch gemeint, wenn Jesus sagt: »Selig sind die Sanftmütigen, denn sie werden die Erde erben. Selig sind die Armen, die Armen im Geiste. Selig sind die, die weinen, denn sie werden getröstet werden.« Das Christentum hat die Bedeutung von Jesu Aussagen verkannt, weil sie so Lao-tse-mäßig sind. Wenn man sie nicht damit in Verbindung bringt, kann man sie nicht richtig interpretieren. Die ganze Lehre Jesu ist: »Seid lebendig und seid schwach.« Aus diesem Grund fordert er euch dazu auf, auch die andere Wange hinzuhalten, wenn jemand euch auf eine Wange schlägt. Wenn jemand euch den Mantel nimmt, dann gebt ihm auch das Hemd. Und wenn jemand euch zwingt, eine Meile mit ihm zu gehen, dann geht zwei Meilen mit ihm. Er sagt damit: »Seid schwach. Selig sind die Sanftmütigen.«

Was ist an der Schwäche, das selig ist? Denn normalerweise sagen die so genannten Führer der Welt, die Lehrer der Welt, doch immer: »Seid stark.« Und dieser Lao-tse und dieser Jesus sagen: »Seid schwach.« Schwäche hat etwas für sich – weil sie nicht hart ist. Um stark zu sein, muss man hart sein. Um hart zu sein, muss man sich gegen das Leben stellen. Wenn man stark sein möchte, muss man gegen den Fluss ankämpfen; nur dann wird man stark. Es gibt keine andere Möglichkeit, stark zu werden. Wenn man stark werden will, muss man sich gegen den Strom bewegen. Je stärker der Fluss gegen dich strömt, desto stärker wirst du werden. Um schwach zu sein, musst du nur mit dem Fluss fließen; wo immer er hinfließt, gehst du mit. Wenn der Fluss sagt: »Geh eine Meile mit mir«, dann fließe zwei Meilen mit. Wenn der Fluss deinen Mantel nimmt, dann gib ihm auch dein Hemd. Und wenn der Fluss dich auf die eine Wange schlägt, dann halte ihm auch die andere hin.

Schwäche besitzt eine gewisse Schönheit und Anmut. Es ist die Schönheit der Gewaltlosigkeit, *ahimsa*. Es ist die Schönheit der Liebe, der Vergebung. Es ist die Schönheit der Konfliktlosigkeit. Und erst wenn Lao-tse richtig verstanden wird und die Menschheit beginnt, seine Wahrheit zu fühlen, kann sie in Frieden leben.

❧

Schwäche besitzt eine gewisse Schönheit und Anmut. Es ist die Schönheit der Gewaltlosigkeit, der Liebe, der Vergebung. Es ist die Schönheit der Konfliktlosigkeit.

❧

Wenn man euch beibringt, stark zu sein, werdet ihr irgendwann anfangen zu kämpfen, und die Kriege werden weitergehen. Alle politischen Führer der Welt behaupten immer, dass sie Frieden wollen – und bereiten sich doch auf den Krieg vor. Sie behaupten, dass sie für den Frieden stehen – und sammeln weiter Waffen an. Sie reden über Frieden und bereiten den Krieg vor, und alle sagen, dass sie sich auf einen Krieg vorbereiten müssen, weil sie die anderen fürchten. Und die anderen sagen dasselbe! Die ganze Sache ist einfach nur dumm und idiotisch. China hat Angst vor Indien, Indien hat Angst vor China. Warum erkennen sie nicht, was hier los ist? Russland hat Angst vor Amerika, Amerika hat Angst vor Russland. Beide reden vom Frieden, und beide bereiten sich auf einen Krieg vor. Und natürlich geschieht das, worauf man sich vorbereitet.

Eure ganzen Friedensgespräche sind einfach nur Schrott. Eure Friedensgespräche sind einfach nur kalter Krieg. In Wahrheit benötigen die Politiker nur Zeit für ihre Kriegsvorbereitungen – und in dieser Zeit führen sie Friedensgespräche, um genügend Zeit für die Vorbereitungen zu haben. Jahrhundertelang hat die Menschheit immer nur in zwei Phasen gelebt: in Phasen des Kriegs und in Phasen der Kriegsvorbereitung. Das waren die einzigen beiden Phasen. Die ganze menschliche Geschichte war einfach nur neurotisch.

Jahrhundertelang hat die Menschheit immer nur in zwei Phasen gelebt: in Phasen des Kriegs und in Phasen der Kriegsvorbereitung. Die ganze menschliche Geschichte war einfach nur neurotisch.

Doch das wird immer weiter so bleiben, weil Stärke gepriesen wird, weil das Ego gepriesen wird. Wenn zwei Leute auf der Straße miteinander kämpfen, und der eine ist stärker und der andere schwächer – der Schwächere ist gestürzt, und der Stärkere sitzt jetzt auf ihm –, wem gilt dann dein Beifall? Gilt dein Beifall dem, der den anderen besiegt hat? Dann bist du gewalttätig; dann bist du für Krieg. Dann bist du ein Kriegstreiber; dann bist du gefährlich und neurotisch. Oder gilt dein Beifall dem Schwachen? Doch niemand zollt dem Schwachen Beifall, niemand möchte mit dem Schwachen in Verbindung gebracht werden, denn tief im Innern möchte jeder ebenfalls stark sein.

Wenn du dem Starken Beifall zollst, sagst du damit: »Ja, das ist mein Ideal; ich möchte sein wie er.« Wenn Stärke gepriesen wird, wird Gewalttätigkeit gepriesen. Wenn Stärke gepriesen wird, wird der Tod gepriesen, denn alle Stärke tötet – tötet den anderen und tötet auch dich selbst. Stärke ist gleichermaßen mörderisch und selbstmörderisch.

Schwäche – schon allein das Wort scheint abwertend. Doch was ist Schwäche? Eine Blume ist schwach. Der Stein neben der Blume ist stark. Wärst du lieber wie ein Stein, oder wärst du lieber wie eine Blume? Eine Blume ist schwach, denkt daran, sehr schwach – ein kleiner Windhauch, und die Blüte ist verschwunden. Die Blütenblätter fallen zu Boden. Eine Blume ist ein Wunder; es ist ein

Wunder, dass die Blume existiert. So schwach, so weich! Es scheint fast unmöglich zu sein – wie ist es möglich? Bei Steinen kann man es verstehen; ihre Existenz beruht auf der üblichen Arithmetik. Doch eine Blume? Sie hat anscheinend überhaupt keine Stütze – und doch existiert die Blume; das ist das Wunder.

Möchtet ihr gern wie eine Blume sein? Wenn ihr euch das fragt, wird euer Ego tief im Innern sagen: »Sei lieber wie ein Stein.« Und wenn ihr darauf beharrt, weil ein Stein hässlich ist, dann wird euer Ego sagen: »Wenn du schon eine Blume sein möchtest, dann sei wenigstens eine Plastikblume. Sei wenigstens ein bisschen stark! Die Winde werden dir dann nichts mehr anhaben können, der Regen wird dich nicht mehr zerstören, du kannst für immer und ewig ausharren.« Eine echte Blume erscheint am Morgen, lächelt einen Augenblick, verbreitet ihren Duft und ist auch schon wieder verschwunden. Eine unechte Blume, eine Plastikblume, hält für immer und ewig. Doch sie ist nicht echt, und sie ist nur stark, weil sie unecht ist. Die Realität ist weich und schwach. Und je höher entwickelt die Realität, desto weicher ist sie.

Eine echte Blume erscheint am Morgen, lächelt einen Augenblick, verbreitet ihren Duft und ist auch schon wieder verschwunden. Eine unechte Blume, eine Plastikblume, hält für immer und ewig.

Ihr könnt Gott nicht verstehen, weil euer Verstand nur die Logik der Steine versteht. Ihr könnt die Logik einer Blume nicht verstehen. Euer Verstand kann Mathematik verstehen. Doch ihr habt keinen ästhetischen Sinn für Blumen. Nur ein poetischer Verstand kann die Möglichkeit Gottes verstehen, denn Gott ist das Schwächste und das Weichste. Darum ist er das Höchste, die höchste Blüte. Sie blüht, doch sie blüht nur einen Sekundenbruchteil lang. Dieser Sekundenbruchteil wird als »die Gegenwart« bezeichnet. Und es ist so ein kurzer Moment, dass man sehr, sehr aufmerksam sein muss. Nur dann ist man fähig, ihn zu erkennen; andernfalls verpasst man ihn. Er ist immer am Blühen – jeden Augenblick erblüht er, doch ihr könnt ihn nicht sehen, weil euer Verstand mit der Vergangenheit und der Zukunft voll gestopft ist. Und die Gegenwart ist so ein kurzes Phänomen – ein Blinzeln der Augenlider, und schon ist sie vorüber. In diesem kurzen Moment erblüht Gott.

Das ist das Höchste, das Letzte. Doch es ist sehr schwach, sehr weich – und so muss es sein. Es ist die Spitze, der Gipfel, die letzte Erhebung, hinter der nichts mehr existiert. Ihr könnt Gott nur verstehen, wenn ihr die Logik von Weichheit und Schwäche versteht. Wenn ihr versucht, stark zu sein – Eroberer, Kämpfer, Krieger –, dann werdet ihr in einer Welt voller Steine statt Blumen leben, und Gott wird ein weit entferntes Phänomen bleiben. Es wird euch nicht möglich sein, Gott irgendwo im Leben zu entdecken.

Wenn der Mensch geboren wird, ist er zart und schwach; wenn er stirbt, ist er hart und steif.

So sollte also euer Leben sein: Bleibt weich, zart und schwach; versucht nicht, hart und steif zu werden, denn auf diese Weise bringt ihr nur euren eigenen Tod immer näher und näher. Der Tod wird eines Tages kommen, das ist nicht der entscheidende Punkt. Der Tod ist nicht das Problem. Doch wenn ihr noch lebend in einer toten Persönlichkeit gefangen seid, ist es ein Problem. Der Tod selbst ist sehr weich, weicher als das Leben, sehr zart. Man kann zwar die Geräusche des Lebens hören, aber nicht die

Geräusche des Todes. Wenn der Tod kommt, ist er so weich, dass man nicht einmal eine Sekunde vorher weiß, dass er kommt. Und er ist so schwach, so zart, dass der Tod nicht das Problem ist. Der Tod, den ihr jetzt bereits lebt, ist das Problem. Der Tod vor dem Tod ist das Problem; ein totes Leben zu leben ist das Problem. Hart, verschlossen. Leibniz hat einen Ausdruck dafür: Er spricht von der *Monade*. *Monade* bedeutet, in solch einem Gefängnis eingesperrt zu sein, in solch einer geschlossenen Kapsel, dass es keine Fenster gibt, durch die man von innen nach außen oder von außen nach innen sehen könnte. Eine *Monade* ist eine vollkommen verschlossene, fensterlose Zelle. *Monade* kommt von derselben Wurzel wie Monopol, Monogamie und Mönch; es bedeutet, vollkommen allein zu sein. Ein Mönch ist jemand, der allein lebt, vollkommen abgeschlossen, in einer toten Zelle. Man lebt in einer Höhle ganz für sich, man kann die anderen nicht erreichen, und die anderen können einen nicht erreichen. Man ist vollkommen eingeschlossen.

❧

Der Tod wird eines Tages kommen, das ist nicht der entscheidende Punkt. Der Tod ist nicht das Problem. Doch wenn ihr noch lebend in einer toten Persönlichkeit gefangen seid, ist es ein Problem.

❧

Das ist der Tod, der steif ist. Und dann seid ihr unglücklich und sucht nach Mitteln und Wegen, eurem Unglück zu entkommen. Ihr erschafft euch euer Unglück, indem ihr steif und hart werdet, und dann sucht ihr nach Methoden, um nicht mehr unglücklich zu sein. Wenn ihr aber versteht, wie ihr unglücklich geworden seid, könnt ihr das Ganze sofort fallen lassen. Werdet einfach nur weich und fließend.

Sei wie ein Kind, und erhalte dir immer die Reinheit und Weichheit der Kindheit. Verliere niemals den Kontakt dazu, dann wirst du eines Tages überrascht feststellen, dass das Kind, das du vor 50 Jahren warst, immer noch in dir lebendig ist. Wenn du weißt, wie du Kontakt zu ihm aufnehmen kannst, bist du plötzlich wieder ein Kind.

Das Kind geht niemals verloren, denn es ist dein Leben, es bleibt da. Es ist nicht so, dass das Kind stirbt, damit du ein Jugendlicher werden kannst, und dass dann der Jugendliche stirbt und du alt wirst, nein, so ist es nicht. Schicht um Schicht sammelt sich an, doch der innerste Kern bleibt immer derselbe – das Kind, als das du geboren wurdest, ist immer noch dort in dir; viele Schichten haben sich darum herum angesammelt, und wenn du durch diese Schichten vordringst, taucht plötzlich das Kind in dir auf. Dieses explosionsartige Auftauchen bezeichne ich als Ekstase.

Jesus sagt: »Wenn ihr nicht werdet wie die Kinder, könnt ihr das Himmelreich Gottes nicht betreten.« Das ist es, was er damit meint, und das ist es, worüber ich spreche. Wenn ihr eure harte Schale durchbrecht, die Wände um euch herum, die vielen Schichten, wird plötzlich das Kind in euch auftauchen. Und ihr werdet die Welt wieder mit den unschuldigen Augen eines Kindes betrachten. Dann ist Gott da.

Gott ist kein besonderes philosophisches Konzept; es ist diese Welt, durch die Augen eines Kindes betrachtet. Die Welt – dieselben Blumen, dieselben Bäume, derselbe Himmel und du –, dieselbe Welt bekommt plötzlich eine neue Qualität von Göttlichkeit, wenn man sie mit den Augen eines Kindes betrachtet. Es braucht dafür nur ein reines, weiches, zartes Herz. Es ist nicht Gott, der fehlt, du bist es, der fehlt. Nicht Gott ist abwesend, *du* bist abwesend.

❧

Gott ist kein besonderes philosophisches Konzept;
es ist diese Welt, durch die Augen eines Kindes
betrachtet.

❧

Wenn der Mensch geboren wird, ist er zart und schwach; wenn er stirbt, ist er hart und steif. Wenn Dinge und Pflanzen lebendig sind, sind sie biegsam und weich; wenn sie tot sind, sind sie brüchig und hart.

Lernt vom Leben. Das Leben lehrt euch auf vielfältige Weise. Das Leben zeigt, wie man sein sollte.

Härte und Steifheit sind also die Begleiter des Todes, und Weichheit und Sanftheit sind die Begleiter des Lebens.

Wenn ihr lebendiger sein möchtet, voller Leben, dann sucht also nach den Begleitern des Lebens: Sanftheit, Weichheit.

❧

Alles, was euch belastet, macht euch hart. Lebt so,
dass ihr in jedem Augenblick frei seid von der
Vergangenheit.

❧

Alles, was euch belastet, macht euch hart. Lebt so, dass ihr in jedem Augenblick frei seid von der Vergangenheit. Eure derzeitige Situation ist ungefähr so: Du hast ein großes Haus mit vielen Räumen, und in allen Räumen liegen angefangene Puzzlespiele herum. Das ganze Haus ist voller Puzzlespiele – auf den Tischen, auf den Stühlen, auf den Betten, auf dem Boden, sie hängen sogar von der Decke –, überall Puzzlespiele, und du hast bisher noch kein einziges davon zusammenzusetzen vermocht. Du versuchst eines zu Ende zu bringen, doch weil du das Gefühl hast, dass es schwierig ist, gehst du zum nächsten. Aber das erste geistert dir immer noch im Kopf herum, und ein paar Teile davon nimmst du auch noch mit, um später daran zu arbeiten. Dann versuchst du das nächste Puzzle zu Ende zu bringen, doch es gelingt dir nicht, weil du zu verwirrt bist. Dann gehst du zum nächsten Zimmer, und auf diese Weise immer so weiter, von einem Raum zum nächsten, immer im Kreis.

Du bist voller nicht gelöster Puzzlespiele, und nach und nach wirst du vollkommen neurotisch. Keine einzige Lebensfrage ist gelöst, und Tausende von Puzzles hängen um dich herum. Sie verlangen ihren Zoll. Sie bringen dich um.

Trage niemals Dinge aus der Vergangenheit mit dir herum – die Vergangenheit ist vergangen. Mache dich jeden Augenblick frei von ihr, ob sie nun gelöst ist oder nicht. Du kannst jetzt nichts mehr daran ändern. Lass sie fallen – und schleppe keine Teile davon mit dir herum, weil diese Teile dich nur daran hindern, die neuen Probleme zu lösen, die jeden Augenblick auftauchen. Lebe jeden Augenblick so vollkommen wie möglich, und plötzlich wirst du erkennen, dass er gelöst ist, wenn du ihn vollkommen lebst. Er muss nicht gelöst werden. Das Leben ist kein Problem, das gelöst werden muss, es ist ein Mysterium, das gelebt werden will. Wenn du es vollkommen lebst, ist es gelöst, und du wirst voller Schönheit, bereichert, mit neu entdeckten Schätzen deines Seins und ohne Altlasten daraus hervorgehen. Dann gehst du mit dieser Frische, mit dieser Totalität und Intensität in den nächsten Augenblick, sodass auch der nächste Augenblick gelebt und gelöst ist.

❧

Lebe jeden Augenblick so vollkommen wie möglich, und plötzlich wirst du erkennen, dass er gelöst ist, wenn du ihn vollkommen lebst. Er muss nicht gelöst werden. Das Leben ist kein Problem, das gelöst werden muss, es ist ein Mysterium, das gelebt werden will.

❧

Sammle niemals ungelebte Augenblicke in dir an, sonst wirst du hart. Du kannst nur dann weich bleiben, wenn du nichts aus der Vergangenheit mit dir herumschleppst. Warum sind Kinder so weich? Sie tragen nichts mit sich herum. Ihr Leben ist das Leben eines Weisen. Wenn ein Kind wütend ist, ist es wütend. In diesem Augenblick kümmert es sich nicht darum, was Buddha zum Thema Wut gesagt hat. Es kümmert sich nicht darum, was Mahavir über Wut gelehrt hat, dass er gesagt hat: »Seid nicht wütend.« Es wird einfach richtig wütend! Es ist so intensiv wütend, dass diese Intensität wirklich schön ist. Schau dir einmal ein Kind an, wenn es richtig wütend ist; der ganze Körper – solch ein kleiner Körper, so weich, so zart – pulsiert vor Wut, die Augen sind rot, das Gesicht ist rot, es stampft und schreit, als wollte es die ganze Welt kurz und klein schlagen. Eine Explosion von Energie … Und im nächsten Augenblick ist die Wut verschwunden, und es spielt wieder, und schau dir sein Gesicht an – kaum zu glauben, dass dieses Gesicht einen Augenblick zuvor noch so wütend war. Und jetzt nur reines Lächeln! So schön, so glücklich.

So sollte man leben. Sei jeden Moment vollkommen präsent, sei so vollständig da, dass nichts sich auf den nächsten Moment überträgt. Das Kind lebt den Augenblick der Wut; dann geht es weiter. Wenn wir erst einmal eine bessere Erziehung zur Verfügung haben, werden wir den Kindern nicht mehr beibringen, nicht wütend zu sein. Wir werden ihnen beibringen, wütend zu sein, und zwar *total* – und es nicht mit sich herumzuschleppen. Wut an sich ist nicht schlecht. Sie mit sich herumzuschleppen, sie anzusammeln, das ist gefährlich. Wutausbrüche sind wunderbar – tatsächlich sind sie notwendig; sie geben dem Leben Saft. Sie machen das Leben würziger. Sonst würde man sich schlaff fühlen, ohne ausreichende Spannung. Wut ist eine gute Übung, und wenn man sich vollständig hineinbegeben und auch vollständig wieder herauskommen kann, nicht angekratzt, dann ist nichts falsch daran.

Und ein Mensch, der vollständig wütend werden kann, kann auch vollständig glücklich sein, kann vollständig lieben, denn die Frage ist nicht, ob man wütend oder glücklich oder liebevoll ist. Was man durch alle Erfahrungen lernt, ist, total zu sein. Wenn man nicht wütend sein darf, wird man unvollständig. Man lebt den Augenblick dann nur teilweise, und die übrigen Teile bleiben im Verstand hängen. Dann lächelt man vielleicht, doch das Lächeln ist nicht rein; es ist verdorben, weil die Wut noch darin hängt. Die Lippen lächeln, doch sie sind giftig; die Wut ist noch nicht vorüber, die Vergangenheit ist noch nicht vorbei, man ist noch nicht völlig frei, im Hier und Jetzt zu sein. Die Vergangenheit hat einen Schatten zurückgelassen. Und das geht immer so weiter. Man wird verwirrt. Das ganze Leben wird zu einer Altlast. Dann kann man nicht mehr richtig leben, kann man nicht mehr lieben, nicht mehr beten, nicht mehr meditieren.

Wenn man nicht wütend sein darf, wird man unvollständig. Man lebt den Augenblick dann nur teilweise, und die übrigen Teile bleiben im Verstand hängen. Dann lächelt man vielleicht, doch das Lächeln ist nicht rein; es ist verdorben, weil die Wut noch darin hängt.

Die Leute kommen zu mir und sagen: »Wenn wir meditieren, tauchen plötzlich Millionen von Gedanken auf. Normalerweise tauchen sie nicht auf, doch wenn wir meditieren, dann kommen sie.« Warum passiert das? Es sind unvollständige Erfahrungen – wenn man meditiert, ist man nicht beschäftigt, und dann tauchen sie auf: »Du bist jetzt nicht beschäftigt, also kümmere dich um uns, vollende uns, erfülle uns. Du machst nichts – Meditation ist keine Beschäftigung, du sitzt einfach nur herum. Tu etwas! Da ist diese Wut, löse sie auf. Da ist diese Liebe, lass sie Erfüllung finden. Da ist dieses Verlangen – mach etwas!«

Wenn ihr beschäftigt seid, seid ihr so beschäftigt, dass diese Dinge euch zwar umgeben, aber nie ins Zentrum eurer Aufmerksamkeit rücken. Doch wenn ihr meditiert, versuchen sie eure Aufmerksamkeit auf sich zu ziehen – »Wir sind unvollständig!« Es sind die Geister eurer Vergangenheit.

Lebe jeden Augenblick total und vollständig. Und lebe bewusst, damit die Vergangenheit nicht weitergeschleppt wird. Das ist einfach, es braucht nur ein wenig Bewusstheit – nichts weiter. Lebe nicht wie im Schlaf, wie ein Roboter; sei ein wenig mehr bewusst, und du wirst es erkennen. Dann wirst du weich werden wie ein Kind, biegsam wie eine junge, keimende Pflanze. Und diese Qualität kann man bis zum letzten Augenblick des Todes behalten; man bleibt biegsam. Wenn du biegsam bleibst, jung und frisch, dann geschieht der Tod, doch er geschieht nicht *dir*. Wenn du das Leben in dir trägst, kann dir der Tod nicht geschehen. Nur Menschen, die bereits tot sind, sterben. Menschen, die lebendig geblieben sind ... sie beobachten, wie der Tod geschieht – der Körper stirbt, der Verstand stirbt, doch nicht sie selbst. Sie bleiben außerhalb davon, transzendent.

Darum wird eine Armee in der Schlacht verlieren, wenn sie unnachgiebig ist.

Das klingt absurd. Lao-tse sagt, dass eine Armee in der Schlacht verlieren wird, wenn sie unnachgiebig ist, während ihr doch alle denkt, dass ihr gewinnen werdet, wenn ihr unnachgiebig seid.

Ein Baum wird gefällt, wenn er hart ist. Das Große und Starke gehört nach unten. Das Weiche und Sanfte gehört nach oben.

Die Wurzeln sind hart, sie gehören nach unten. Die Blüten sind weich, sie gehören nach oben. Und das ist auch die richtige Struktur für die Gesellschaft: wenn die Menschen, die stark sind, sich an den Wurzeln befinden, und die Menschen, die weich sind, an der Spitze. Dichter und Maler sollten zur Spitze gehören. Heilige und Weise sollten zur obersten Spitze gehören. Soldaten, Politiker und Geschäftsleute gehören nach unten; sie sollten nicht zur Spitze gehören. Die ganze Welt ist verkehrt, weil die harten Menschen versuchen, an der Spitze zu stehen.

Es ist, als wären die Wurzeln Politiker geworden und würden nun versuchen, an die Spitze des Baumes zu gelangen und die Blüten zu zwingen, nach unten zu gehen, unter die Erde. Früher war die Welt mehr im Gleichgewicht – zum Beispiel in Indien, wo die Brahmanen zur Spitze gehörten. Wir hatten sie an die Spitze gestellt. Brahmanen sind Weise, jene, die das *Brahma* erkannt haben. Sie sind keine Kaste, es hat nichts mit Abstammung zu tun; es hat vielmehr etwas mit der inneren Auferstehung zu tun. Brahmanen sind jene, die das Höchste und Letzte erkannt haben. Sie gehörten zur Spitze, sie waren die Blüten. Selbst Könige und Kaiser mussten kommen und sich vor ihnen bis zum Boden verneigen. Und das war richtig so –

ein König, so stark und mächtig er auch sein mag, ist schließlich immer noch ein König. Ein Mann der Welt ist immer noch neurotisch, ist ehrgeizig und dem Ego verhaftet; er muss sich verneigen.

Es geschah einmal Folgendes:

Buddha kam in ein Reich, und der König zögerte ein wenig, zu ihm zu gehen und ihn zu empfangen. Der Premierminister, ein weiser alter Mann, sagte zum König: »Du musst gehen.« Der König erwiderte: »Es scheint mir nicht notwendig. Er ist ein Bettler. Soll er doch zu mir kommen! Warum sollte ich mich zu den Grenzen meines Reiches begeben, um ihn zu empfangen? Ich bin ein König, und er ist ein Bettler.«

Da reichte der alte Premierminister umgehend seine Abdankung ein. Er sagte: »Nimm meine Abdankung an, denn wenn du so tief gefallen bist, kann ich nicht hier bleiben. Denke daran, dass du ein König bist und dass er ein Königreich aufgegeben hat. Er besitzt nichts. Du besitzt ein großes Reich, und er besitzt nichts. Er gehört an die Spitze. Und du musst gehen und dich vor ihm verneigen, andernfalls werde ich abdanken. Dann kann ich nicht mehr hier mit dir in diesem Palast leben. Das ist mir unmöglich.« Der König musste also gehen.

Als er sich vor Buddha verneigte, meinte Buddha zu ihm: »Das war nicht notwendig. Ich habe gehört, dass du gezögert hast zu kommen. Es war nicht notwendig, denn wenn man zögert und widerwillig ist, kommt man nicht wirklich, selbst wenn man kommt. Achtung kann man nicht erzwingen. Entweder man versteht, oder man versteht nicht. Es war nicht notwendig – ich war schon auf dem Weg, selbst zu dir zu kommen. Und ich bin ein Bettler … du bist ein König.«

Da begann der König zu weinen. Er hatte verstanden.

Im Osten standen die Brahmanen an der Spitze. Das ist die richtige Art, eine Gesellschaft zu strukturieren. Heute befinden sich auf der ganzen Welt die Politiker an der Spitze. Daher das ganze Elend und das Chaos – es kann gar nicht anders sein. Die Spitze ist zu schwer geworden. Nur Blüten sollten sich an der Spitze befinden – Weise, Dichter, Mystiker. Keine Politiker.

Heute befinden sich auf der ganzen Welt die Politiker an der Spitze. Daher das ganze Elend und das Chaos – es kann gar nicht anders sein. Die Spitze ist zu schwer geworden. Nur Blüten sollten sich an der Spitze befinden – Weise, Dichter, Mystiker. Keine Politiker.

Das Große und Starke gehört nach unten. Das Weiche und Sanfte gehört nach oben.

Lao-tse sagt, dass man sanft und schwach sein sollte, wenn man an die Spitze gehören möchte. Sei schwach und sanft, so weich wie das Gras, nicht stark wie die großen Bäume.

Lao-tse hat ein tiefes Interesse an allem, was nutzlos ist. Er sagt, nutzlos zu sein bedeutet, geschützt zu sein. Nützlich zu sein ist gefährlich, denn wenn man nützlich ist, wird irgendjemand einen benutzen, wird man ausgebeutet werden. Wenn man stark ist, wird man in die Armee gezwungen.

Lao-tse ging mit seinen Schülern einmal durch ein Dorf und sah einen Mann mit einem Buckel. Er sagte zu seinen Schülern: »Geht zu diesem Buckligen und fragt ihn, wie er sich fühlt, denn ich habe gehört, dass dieses Dorf in Schwierigkeiten ist. Der König hat alle jungen und starken Männer in die Armee gezwungen.«

Sie gingen also zu dem Buckligen und fragten ihn. Der Bucklige antwortete: »Ich bin glücklich! Wegen meines Rückens haben sie mich nicht einberufen. Ich bin nutzlos. Dadurch blieb ich verschont.« Die Schüler berichteten Lao-tse davon, und er sagte zu ihnen: »Denkt immer daran, und seid nutzlos. Andernfalls werdet ihr Kanonenfutter für den Krieg.«
Einmal gingen sie durch einen Wald, wo sie zu einem großen Baum kamen; tausend Ochsenkarren hätten unter ihm Platz gefunden. Der ganze Wald rundum wurde gefällt, Tausende von Holzfällern waren dort an der Arbeit. Lao-tse sagte: »Fragt nach, was hier los ist – warum haben sie diesen großen Baum noch nicht gefällt?«
Die Schüler gingen also und fragten nach. Einer der Holzfäller sagte zu ihnen: »Ach, dieser Baum ist vollkommen nutzlos. Die Äste sind nicht gerade, man kann keine Möbel aus ihnen machen – und wenn man das Holz verbrennt, raucht es so stark, dass man es nicht zum Heizen verwenden kann. Und die Blätter sind so bitter, dass nicht einmal Tiere sie fressen wollen. Also ist er nutzlos. Das ist der Grund, warum wir ihn nicht gefällt haben.«
Da begann Lao-tse zu lachen und sagte zu seinen Schülern: »Seid wie dieser Baum, nutzlos. Dann wird niemand euch fällen. Und schaut euch diesen Baum an, wie groß er geworden ist, weil er nutzlos war!«

Das Leben lässt sich auf zwei Arten betrachten. Man kann es unter dem Aspekt der Nützlichkeit betrachten – wofür sich jedes Ding verwenden lässt –, dann wird das Leben zu einem Zweck, und es gilt ein Ziel zu erreichen. Oder man betrachtet das Leben als Genuss, nicht als Zweck – dann ist dieser Augenblick alles, und es gibt kein Ziel, keinen Zweck.

Gerade vor ein paar Tagen habe ich ein Gedicht gelesen. Eine Zeile darin hat mich tief berührt: »Ein Gedicht sollte nichts bedeuten, es sollte nur sein.« Das hat mir sehr gefallen. Das Leben sollte nichts bedeuten, es sollte nur sein! Ein Ziel, das nirgendwo hinführt … hier und jetzt genießen, feiern. Nur dann kann man weich sein. Wenn man versucht, nützlich zu sein, wird man hart. Wenn man versucht, etwas zu erreichen, wird man hart. Wenn man versucht zu kämpfen, wird man hart. Gib dich hin. Sei weich und zart. Und erlaube dem Fluss des Lebens, dich mitzunehmen, wo immer er dich auch hinführt. Lass das Ziel des Ganzen auch zu deinem Ziel werden. Strebe nicht nach eigenen Zielen. Sei einfach nur ein Teil, und eine unendliche Schönheit und Anmut werden sich einstellen.

Versuche zu fühlen, was ich sage. Es ist keine Frage des Verstehens, keine Frage der intellektuellen Fähigkeiten. Fühle, was ich sage. Sauge es auf. Lass es in dir ruhen. Lass es tief in dein Inneres eindringen: Das Leben sollte nichts bedeuten; das Leben sollte einfach nur sein. Dann wirst du plötzlich weich werden. Alle Härte verschwindet, fällt ab, schmilzt weg. Das kleine Kind taucht wieder auf; du wirst wieder zum Kind, jene transparenten Augen der Kindheit stehen dir wieder zur Verfügung. Du schaust, und plötzlich ist das Grün vollkommen anders. Die Lieder der Vögel sind vollkommen anders. Das Ganze hat eine vollkommen andere Bedeutsamkeit. Es hat keine Bedeutung, es hat Bedeutsamkeit. Bedeutung hat etwas mit Nützlichkeit zu tun, Bedeutsamkeit mit Entzücken.

Entzücke dich daran, und du wirst wieder weich. Fließe mit dem Fluss. Werde zum Fluss.

Sei selbstsüchtig

Niemand außer Heuchlern kann selbstlos sein.

Das Wort selbstsüchtig löst sehr negative Assoziationen aus, weil alle Religionen es verurteilt haben. Sie wollen, dass ihr selbstlos seid. Doch warum? Um anderen zu helfen …

Das erinnert mich an eine Geschichte:

Ein Kind unterhielt sich mit seiner Mutter, und die Mutter sagte zu ihm: »Du musst immer daran denken, anderen zu helfen.« Das Kind fragte: »Und was machen dann die anderen?« Darauf erwiderte die Mutter natürlich: »Sie helfen dann auch wieder anderen.« Da meinte das Kind: »Das ist aber ein komisches Spiel. Warum helfen nicht alle sich selber, statt herumzugehen und es kompliziert zu machen?«

Selbstsucht ist natürlich. Ja, es kommt sogar ein Augenblick, in dem man anderen aus Selbstsucht gibt. Wenn man in einem Zustand überfließender Freude ist, dann kann man anderen etwas geben. Im Moment ist es einfach nur so, dass unglückliche Menschen anderen unglücklichen Menschen helfen, dass Blinde andere Blinde führen. Welche Hilfe kann man da geben? Es ist eine sehr gefährliche Vorstellung, die da jahrhundertelang geherrscht hat.

Unglückliche Menschen helfen anderen unglücklichen Menschen, Blinde führen andere Blinde. Welche Hilfe kann man da geben? Das ist eine sehr gefährliche Vorstellung.

In der Schule erklärte die Lehrerin den Jungen: »Wenigstens einmal pro Woche solltet ihr eine gute Tat vollbringen.« Einer der Jungen fragte: »Geben Sie uns doch bitte ein paar Beispiele für gute Taten. Wir wissen sonst nicht, was wir tun sollen.« Also erklärte sie: »Wenn zum Beispiel eine blinde Frau die Straße überqueren möchte, kannst du ihr dabei helfen. Das ist eine gute Tat, das ist tugendhaft.«

In der folgenden Woche fragte die Lehrerin: »Hat jemand von euch an das gedacht, was ich euch gesagt habe?« Drei Kinder erhoben die Hand. Sie meinte: »Das ist nicht gut – fast die ganze Klasse hat nichts gemacht. Aber wenigstens drei Jungen haben eine gute Tat vollbracht.« Sie fragte den Ersten: »Was hast du denn gemacht?« Er antwortete: »Genau das, was Sie erklärt hatten: Ich habe einer blinden alten Frau über die Straße geholfen.«

Sie sagte: »Sehr gut. Gott wird dich segnen.« Dann fragte sie den Nächsten: »Und was hast du gemacht?« Er antwortete: »Dasselbe – ich habe einer blinden alten Frau über die Straße geholfen.« Die Lehrerin war leicht erstaunt. Wo nahmen sie nur alle diese blinden alten Frauen her? Aber es war eine große Stadt; möglicherweise gab es tatsächlich zwei solche Frauen. Sie fragte also den Dritten, und er antwortete: »Ich habe genau dasselbe gemacht wie die beiden anderen: Ich habe einer blinden alten Frau über die Straße geholfen.«

Die Lehrerin fragte: »Aber wo habt ihr denn drei blinde Frauen gefunden?« Sie erwiderten: »Sie haben es nicht richtig verstanden – es waren nicht drei blinde Frauen, es war nur eine blinde Frau. Und es war sehr schwierig, ihr über die Straße zu helfen! Sie schlug auf uns ein und schrie und wehrte sich, weil sie nicht hinüberwollte. Aber wir waren entschlossen, eine gute Tat zu vollbringen, auch wenn sich eine ganze Menschenmenge ansammelte und die Leute uns anschrien. Doch wir haben nur gesagt: ›Macht euch keine Sorgen. Wir bringen sie sicher auf die andere Seite.‹«

Den Menschen wird gesagt, dass sie anderen helfen sollen, doch sie haben selbst nichts. Ihnen wird gesagt, dass sie andere lieben sollen – liebe deinen Nächsten, liebe deine Feinde –, und niemals sagt man ihnen, dass sie sich selbst lieben sollen. Alle Religionen sagen den Menschen, direkt oder indirekt, dass sie sich selbst hassen sollen. Ein Mensch, der sich selbst hasst, kann aber andere nicht lieben; er kann nur so tun als ob.

Die Grundlage ist, sich selbst so vollkommen zu lieben, dass die Liebe überfließt und andere erreicht. Ich bin nicht gegen das Teilen und Weitergeben, doch ich bin gegen jeden Altruismus. Ich bin fürs Teilen, doch zuerst muss man etwas zu teilen haben. Und dann gibt man anderen nicht etwa aus einem Gefühl der Verpflichtung heraus – im Gegenteil, der Mensch, der etwas von einem annimmt, tut einem einen Gefallen. Man muss ihm dankbar sein, denn der andere hätte die Hilfe auch ablehnen können; der andere war großzügig.

❧

Ich bin nicht gegen das Teilen und Weitergeben, doch ich bin gegen jeden Altruismus. Ich bin fürs Teilen, doch zuerst muss man etwas zu teilen haben.

❧

Alles, was ich sage, ist, dass der Einzelne so glücklich, so selig, so still, so zufrieden sein sollte, dass er aus diesem Zustand der Erfüllung heraus mit anderen zu teilen beginnt. Er besitzt so viel, er ist wie eine Regenwolke – er muss es einfach loswerden. Dass dabei der Durst anderer gestillt wird, dass dabei der Durst der Erde gestillt wird, ist vollkommen zweitrangig. Wenn jeder Einzelne voller Freude, voller Licht, voller Stille ist, wird er das mit anderen teilen, ohne dass es ihm jemand sagen muss, weil das Weitergeben so viel Freude macht. Es anderen zu geben ist viel befriedigender, als es selbst zu bekommen.

Doch die ganze Struktur muss verändert werden. Man sollte den Menschen nicht sagen, dass sie altruistisch sein sollen. Sie sind unglücklich – was können sie da schon tun? Sie sind blind – was können sie da schon tun? Sie haben ihr Leben verpasst – was können sie da schon tun? Man kann nur geben, was man hat. Also geben diese Menschen Unglück, Leiden, Angst und Sorgen an alle weiter, die mit ihnen in Kontakt kommen. Und das ist Altruismus? Nein, ich wünsche mir, dass alle vollkommen selbstsüchtig sind.

Jeder Baum ist selbstsüchtig: Er zieht das Wasser in seine Wurzeln, er leitet die Säfte in seine Zweige, in die Blätter, in die Blüten, in die Früchte. Wenn er blüht, schenkt er allen seinen Duft – Bekannten, Unbekannten, Freunden, Fremden. Und wenn er mit Früchten beladen ist, verschenkt er sie, gibt er diese Früchte weiter. Würde man den Bäumen beibringen, altruistisch zu sein, würden sie alle sterben, so wie die ganze Menschheit tot ist – nur wandelnde Leichname. Und wohin gehen sie? Sie gehen zu den Friedhöfen, um dort schließlich in ihren Gräbern zu ruhen.

Das Leben sollte ein Tanz sein. Und jedes Leben kann ein Tanz sein. Es sollte Musik sein – dann kann man weitergeben; dann muss man einfach weitergeben. Dann muss es nicht mehr gesagt werden, denn das ist eines der grundlegenden Gesetze des Lebens: Je mehr man seine Seligkeit an andere weitergibt, desto mehr nimmt sie zu.

Doch erst einmal lehre ich euch, selbstsüchtig zu sein.

Eine Meditationstechnik

Diese und viele ähnliche Techniken finden sich in Oshos Werk *Das Buch der Geheimnisse.*

Fühle das Bewusstsein jedes Menschen, als wäre es dein eigenes. Werde zu jedem Wesen, indem du dich selbst beiseite lässt.

Fühle das Bewusstsein jedes Menschen, als wäre es dein eigenes – in Wahrheit ist es das auch, doch wir nehmen es nicht so wahr. Wir nehmen unser Bewusstsein als unser eigenes wahr und fühlen niemals das Bewusstsein der anderen. Höchstens gehen wir davon aus, dass die anderen ebenfalls bewusst sind. Aus der Tatsache, dass wir bewusst sind, schließen wir, dass andere Wesen wie wir ebenfalls bewusst sein müssen. Doch das ist nur eine logische Schlussfolgerung; wir nehmen die anderen nicht wirklich als bewusst wahr. Wenn wir Kopfschmerzen haben, fühlen wir die Schmerzen und haben ein Bewusstsein davon. Doch wenn ein anderer Kopfschmerzen hat, können wir seine Schmerzen nicht fühlen. Wir gehen nur davon aus, dass das, was er sagt, wahr sein muss und er wohl etwas Ähnliches empfinden muss wie wir. Doch wir können es nicht fühlen.

Das Gefühl dafür kann nur dann entstehen, wenn wir uns des Bewusstseins anderer bewusst werden – andernfalls ist es nur eine logische Schlussfolgerung. Wir vertrauen darauf, dass die anderen uns etwas aufrichtig mitteilen, und was sie sagen, erscheint uns glaubwürdig, weil wir schon ähnliche Erfahrungen gemacht haben.

Es gibt eine Logikschule, die sagt, dass man nichts über andere wissen kann, dass das unmöglich ist. Höchstens kann man gewisse Schlussfolgerungen ziehen, doch man kann über andere nichts sicher wissen. Wie kann man wissen, dass andere Schmerzen haben wie wir, dass andere Ängste haben wie wir? Die anderen sind da, doch wir können nicht in sie eindringen, wir können nur gerade mal ihre Oberfläche berühren. Ihr inneres Wesen bleibt unbekannt. Wir bleiben in uns selbst verschlossen.

Die Welt um uns herum ist für uns keine gefühlte Welt, sie ist nur erschlossen – logisch, rational erschlossen. Der Verstand sagt, dass sie da ist, doch das Herz ist davon nicht berührt. Aus diesem Grund verhalten wir uns anderen gegenüber, als würde es sich um Dinge handeln und nicht um Menschen. Unsere Beziehung zu Menschen ist so wie zu Sachen. Der Ehemann verhält sich seiner Frau gegenüber, als wäre sie eine Sache: Er besitzt sie. Und die Ehefrau besitzt ihren Mann, als wäre er eine Sache. Wenn wir uns anderen gegenüber so verhalten würden, als wären sie Menschen, würden wir nicht versuchen, sie zu besitzen, denn nur Dinge kann man besitzen.

Ein Mensch zu sein bedeutet Freiheit. Einen Menschen kann man nicht besitzen. Wenn man versucht, ihn zu besitzen, tötet man ihn, macht man ihn zu einer Sache. Unsere Beziehung zu anderen ist eigentlich keine Ich-Du-Beziehung; tief im Innern ist es nur eine Ich-Es-Beziehung. Der andere ist nur eine Sache, die manipuliert werden kann, benutzt werden kann, ausgebeutet werden kann. Aus diesem Grund wird Liebe immer weniger möglich – denn Liebe bedeutet, den anderen als Menschen zu sehen, als bewusstes Wesen, als Freiheit, als etwas, das so wertvoll ist wie wir selbst.

Einen Menschen kann man nicht besitzen. Wenn man versucht, ihn zu besitzen, tötet man ihn, macht man ihn zu einer Sache.

Wenn du dich so verhältst, als wäre alles nur eine Sache, dann bist du das Zentrum, und die Dinge sind nur da, damit du sie benutzt. Die Beziehung wird nützlichkeitsorientiert. Sachen haben keinen Wert an sich – der Wert liegt darin, dass du sie benutzen kannst, dass sie für dich da sind. Du kannst eine Beziehung zu deinem Haus haben – das Haus ist für dich da. Es ist ein Gebrauchsgegenstand. Dein Auto ist für dich da, doch deine Frau ist nicht für dich da, dein Mann ist nicht für dich da. Dein Mann ist für sich selbst da, deine Frau ist für sich selbst da. Ein Mensch existiert für sich selbst; das ist es, was Menschsein bedeutet. Und wenn man dem anderen erlaubt, ein Mensch zu sein, und ihn nicht zu einer Sache reduziert, wird man nach und nach anfangen, ihn zu fühlen. Andernfalls kann man ihn nicht fühlen. Die Beziehung zu ihm wird konzeptionell bleiben, intellektuell, Verstand zu Verstand, Kopf zu Kopf – aber nicht Herz zu Herz.

Diese Technik sagt: *Fühle das Bewusstsein jedes Menschen, als wäre es dein eigenes.* Das ist schwierig, denn zuerst muss man den anderen Menschen als Mensch wahrnehmen, als bewusstes Wesen. Schon allein das ist schwierig.

Jesus sagt: »Liebe deinen Nächsten wie dich selbst.« Das ist genau dasselbe – doch zuerst muss der andere zu einem Menschen für dich werden. Er muss sein eigenes Existenzrecht haben, er darf nicht dazu da sein, um ausgebeutet zu werden, manipuliert zu werden, benutzt zu werden, nicht als Mittel zum Zweck, sondern als Selbstzweck. Zuerst muss der andere zu einem Menschen werden; er muss zu einem »Du« werden, so wertvoll wie du selbst. Nur dann lässt sich diese Technik anwenden. *Fühle das Bewusstsein jedes Menschen, als wäre es dein eigenes.* Zuerst musst du fühlen, dass der andere bewusst ist, und dann kann es passieren – dann kannst du fühlen, dass der andere dasselbe Bewusstsein hat wie du. Tatsächlich verschwindet der »andere«, und nur ein Bewusstsein fließt zwischen dir und ihm. Ihr werdet zu zwei Polen eines einzigen fließenden Bewusstseins, eines einzigen Stroms.

Zuerst muss der andere zu einem Menschen werden, zu einem »Du« werden, so wertvoll wie du selbst. Nur dann lässt sich diese Technik anwenden.

In tiefer Liebe geschieht es manchmal, dass zwei Menschen plötzlich aufhören, zwei zu sein. Etwas entsteht zwischen ihnen, und sie werden einfach nur zu zwei Polen. Etwas fließt zwischen ihnen. Wenn dieses Fließen entsteht, fühlt man sich selig. Wenn Liebe Seligkeit schenkt, dann aus genau diesem Grund: dass zwei Menschen, und sei es auch nur für einen einzigen Augenblick, ihr Ego verlieren. Der »andere« ist verschwunden, und für einen Augenblick entsteht Einheit. Wenn es geschieht, ist es ekstatisch, ist es Seligkeit, befindet man sich im Paradies. Ein einziger Augenblick, und er kann dich verwandeln.

Diese Technik besagt, dass man das mit jedem Menschen erleben kann. In der Liebe geschieht es mit einem einzelnen Menschen, doch in dieser Meditation macht man es mit jedem Menschen, der einem nahe kommt. Lass dich einfach in ihn hineinschmelzen und nimm wahr, dass in euch nicht zwei Leben fließen, sondern nur eines. Es handelt sich nur um eine Veränderung der Gestalt. Sobald du weißt, wie es geht, sobald du es einmal erfahren hast, ist es einfach. Am Anfang erscheint es unmöglich, weil wir so sehr in unserem eigenen Ego gefangen sind. Es ist schwierig, loszulassen, schwierig, ein Fließen zu werden. Deshalb ist es gut, es am Angang mit etwas zu üben, was nicht so viel Angst macht.

Vor einem Baum haben wir weniger Angst, also ist es einfacher. Setze dich neben einen Baum, fühle den Baum und fühle, dass du eins mit ihm geworden bist, dass ein Fließen zwischen euch entsteht, eine Kommunikation, ein Dialog, ein Verschmelzen. Setze dich neben einen strömenden Fluss und fühle sein Strömen, fühle, dass du und der Fluss eins geworden seid. Lege dich unter den Himmel und fühle, dass du und der Himmel eins geworden sind. Anfangs wird es nur eine Vorstellung sein, doch nach und nach wirst du spüren, dass du durch deine Vorstellung die Realität berührst.

Und dann versuche es mit Menschen. Das ist anfangs schwierig, denn dabei taucht Angst auf. Weil du die Menschen zu Sachen reduziert hast, hast du Angst, dass der andere dich ebenfalls zu einer Sache reduzieren wird, wenn du ihn so nahe an dich heranlässt. Das ist die Angst. Deshalb erlaubt niemand viel Nähe und Intimität: Es muss immer eine Lücke bewahrt und gehalten werden. Zu viel Nähe ist gefährlich, weil der andere versuchen könnte, dich zu einer Sache zu machen, dich zu besitzen. Das ist die Angst. Du versuchst, die anderen zu Sachen zu machen, und die anderen versuchen, dich zu einer Sache zu machen – und niemand möchte eine Sache sein, niemand möchte ein Mittel zum Zweck sein, niemand möchte benutzt werden. Nur Mittel zum Zweck zu sein, nicht für sich genommen wertvoll zu sein, ist überaus degradierend. Doch jeder versucht es. Daher diese tiefe Angst, und deshalb ist schwierig, diese Technik zuerst mit Menschen auszuprobieren.

Zu viel Nähe ist gefährlich, weil der andere versuchen könnte, dich zu einer Sache zu machen, dich zu besitzen. Das ist die Angst.

Beginne also zunächst mit einem Fluss, mit einem Hügel, mit den Sternen, mit dem Himmel, mit Bäumen. Erst wenn du das Gefühl kennst, wenn du weißt, was passiert, wenn du eins mit dem Baum wirst, wenn du weißt, wie glückselig du dich fühlst, wenn du eins mit dem Fluss wirst, dass du dabei die ganze Existenz gewinnst, ohne etwas zu verlieren, dann kannst du es auch mit Menschen ausprobieren. Und wenn es dich schon mit einem Baum oder mit einem Fluss glücklich macht, kannst du dir vielleicht vorstellen, um wie viel glücklicher es dich mit einem Menschen machen wird, denn ein Mensch ist ein höheres Phänomen, ein höher entwickeltes Wesen. Durch einen Menschen kannst du höhere Gipfel der Erfahrung erreichen. Wenn du schon mit einem einfachen Stein Ekstase erfahren kannst, so wird dich bei einem Menschen eine wahrhaft göttliche Ekstase überkommen.

Doch versuche es zuerst mit etwas, vor dem du keine Angst hast, oder mit einem Menschen, den du liebst – einem Freund, einem Geliebten –, vor dem du keine Angst hast, mit dem du ohne Angst wirklich intim und nah sein kannst, bei dem du dich selbst verlieren kannst, ohne tief in dir zu befürchten, dass er dich zu einer Sache machen will. Wenn du so jemanden kennst, dann probiere diese Technik mit ihm aus. Verliere dich ganz bewusst im anderen. Wenn du dich bewusst in jemandem verlierst, wird dieser andere sich in dir verlieren; wenn du offen bist und in den anderen fließt, beginnt der andere in dich zu fließen, und es geschieht eine tiefe Begegnung, eine Kommunion. Zwei Energien verschmelzen miteinander. In diesem Zustand gibt es kein Ego, keine Individualität – nur reines Bewusstsein. Und so wie es mit einem Menschen möglich ist, ist es auch mit dem ganzen Universum möglich. Was Heilige als Ekstase, als *samadhi,* bezeichnet haben, ist nichts anderes als eine tiefe Liebesbegegnung zwischen einem Menschen und dem ganzen Universum.

Fühle das Bewusstsein jedes Menschen, als wäre es dein eigenes. Werde zu jedem Wesen, indem du dich selbst beiseite lässt. Werde zum Baum, werde zum Fluss, werde zu deiner Frau, werde zu deinem Mann, werde zu deinem Kind, werde zu deiner Mutter, werde zu deinem Freund – du kannst es in jedem Augenblick üben. Doch am Anfang ist es schwierig. Mache es also jeden Tag mindestens eine

Stunde lang. Werde in dieser Stunde zu allem, was dir begegnet, was dir nahe kommt. Du fragst dich vielleicht, wie es funktionieren kann – doch du kannst nur herausfinden, wie es funktioniert, wenn du es ausprobierst.

Setze dich neben einen Baum und fühle, dass du zu dem Baum geworden bist. Und wenn der Wind kommt und der ganze Baum zu schwanken und zu zittern beginnt, fühle dieses Schwanken und Zittern in dir; wenn die Sonne aufgeht und der ganze Baum wach und lebendig wird, fühle diese Lebendigkeit in dir; wenn ein Regenschauer kommt und der ganze Baum zufrieden und gesättigt ist, ein langer Durst, ein langes Warten vorbei und der Baum vollkommen befriedigt ist, fühle dich zufrieden und erfüllt mit dem Baum; dann wirst du dir der subtilen Stimmungen, der Nuancen des Baumes bewusst werden.

Du hast diesen Baum vielleicht schon jahrelang gesehen, doch ohne seine Stimmungen zu kennen. Manchmal ist er glücklich; manchmal ist er unglücklich. Manchmal ist er traurig, besorgt, frustriert; manchmal ist er selig, ekstatisch. Er hat seine Stimmungen. Der Baum ist lebendig und ein fühlendes Wesen. Und wenn du eins mit ihm wirst, kannst du es fühlen. Dann wirst du spüren, ob der Baum jung ist oder alt, ob er mit seinem Leben zufrieden ist oder unzufrieden, ob er in das Leben verliebt ist oder ob er dagegen ist, anti, wütend, ärgerlich, ob er gewalttätig ist oder tiefes Mitgefühl besitzt. So wie du dich jeden Augenblick veränderst, verändert sich auch der Baum – und du kannst eine tiefe Affinität zu ihm spüren, eine Empathie.

Empathie bedeutet, dass du so einfühlsam geworden bist, dass du tatsächlich eins mit dem anderen wirst. Die Stimmungen des Baumes werden zu deinen eigenen Stimmungen. Und wenn das tiefer und tiefer und tiefer geht, kannst du dich schließlich mit ihm unterhalten, kannst du mit dem Baum kommunizieren. Sobald du seine Stimmungen kennst, beginnst du seine Sprache zu verstehen, und der Baum wird sich dir mitteilen. Er wird seine Qual und seine Ekstase mit dir teilen.

Und das kann mit dem ganzen Universum geschehen.

Versuche wenigstens eine Stunde pro Tag in Empathie mit irgendetwas zu verbringen. Anfangs wirst du dir dabei dumm vorkommen. Du wirst denken: »Was für eine Dummheit mache ich hier eigentlich?« Du wirst dich umschauen und befürchten, dass die anderen dich für verrückt halten, wenn sie dir zuschauen, wenn sie dich sehen, wenn sie merken, was du machst. Doch nur am Anfang. Wenn du diese Welt der Empathie erst einmal betreten hast, wird dir die ganze restliche Welt verrückt vorkommen. Sie versäumen unnötigerweise so viel. Das Leben schenkt in solcher Fülle, und sie verpassen es. Sie verpassen es, weil sie verschlossen sind: Sie erlauben dem Leben nicht, in sie einzudringen. Und das Leben kann nur in einen eindringen, wenn man selbst über viele, viele Wege, über viele Pfade, über viele Dimensionen in das Leben eindringt. Deshalb verbringe wenigstens eine Stunde jeden Tag in Empathie.

Das war die Bedeutung von Gebet am Beginn jeder Religion. Beten bedeutete, mit dem Universum verbunden zu sein, zutiefst mit dem Universum zu kommunizieren. Im Gebet spricht man mit Gott – und Gott bedeutet: das Ganze. Manchmal ist man wütend auf Gott, manchmal ist man dankbar, doch eines gilt immer: Man kommuniziert. Dann handelt es sich nicht um ein mentales Konzept, sondern um eine tiefe, intime Beziehung. Das ist es, was Gebet bedeutet.

❧

*Das war die Bedeutung von Gebet am Beginn jeder Religion.
Beten bedeutete, mit dem Universum verbunden zu sein,
zutiefst mit dem Universum zu kommunizieren.*

❧

Doch unsere Gebete sind sinnlos geworden, weil wir nicht wissen, wie man mit anderen Wesen kommuniziert. Und wenn man mit den einzelnen Wesen nicht kommunizieren kann, kann man auch mit dem Ganzen nicht kommunizieren – unmöglich. Wenn man mit einem Baum nicht kommunizieren kann, wie könnte man da mit der ganzen Existenz kommunizieren? Wenn du dir dumm vorkommst, wenn du mit einem Baum sprichst, wirst du dir noch viel dümmer vorkommen, wenn du mit Gott sprichst.

Doch unsere Gebete sind sinnlos geworden, weil wir nicht wissen, wie man mit anderen Wesen kommuniziert. Und wenn man mit den einzelnen Wesen nicht kommunizieren kann, kann man auch mit dem Ganzen nicht kommunizieren – unmöglich.

Nimm dir also jeden Tag eine Stunde Zeit für diese Art von Gebet und lass dein Beten nicht zu einer verbalen Sache werden. Mache es zu einer Sache des Fühlens. Statt mit dem Verstand zu sprechen, fühle. Geh hin und berühre den Baum, umarme den Baum, küsse den Baum; schließe die Augen und sei bei dem Baum, als wärst du bei einem Geliebten. Fühle es. Und bald wirst du zutiefst verstehen, was es bedeutet, dich selbst beiseite zu lassen, was es bedeutet, zum anderen zu werden.

Fühle das Bewusstsein jedes Menschen, als wäre es dein eigenes. Werde zu jedem Wesen, indem du dich selbst beiseite lässt.

Auf dem Weg zu Intimität: Fragen und Antworten

Die Menschen stellen oft Fragen, die ihnen das Gefühl geben, viel zu wissen. Sie stellen die Fragen nicht, um Antworten zu bekommen, sondern um ihr Wissen zu demonstrieren. Doch ich bin ein Verrückter: Ich beantworte niemals Fragen, die aus eurem Wissen kommen. Solche Fragen ignoriere ich einfach.

Ich beantworte nur Fragen, die eure Wunden offen legen, denn erst wenn eure Wunden offen liegen, besteht eine Möglichkeit zur Heilung. Sobald ihr euch entblößt habt, seid ihr auf dem Weg zur Transformation. Und solange ihr euer wahres Gesicht nicht zeigt, ist es unmöglich, in eurem Leben irgendetwas zu verändern, in eurem Bewusstsein irgendeine Transformation zu bewirken.

Warum machen mir attraktive Menschen Angst?

Es gibt viele Gründe, warum attraktive Menschen Angst machen. Zunächst einmal gilt, je attraktiver ein Mensch auf dich wirkt, desto mehr besteht die Möglichkeit, dass du ihm verfällst – das ist die Angst. Du wirst vielleicht besessen, wirst vielleicht vom Charme, vom Magnetismus, von der Magie des anderen zum Sklaven gemacht.

Attraktive Menschen ziehen an und machen gleichzeitig Angst. Sie sind schön; man wäre gerne mit ihnen in Beziehung, doch mit ihnen in Beziehung zu sein bedeutet, seine Freiheit zu verlieren. Mit ihnen in Beziehung zu sein bedeutet, nicht mehr man selbst zu sein. Und weil sie so attraktiv sind, ist man nicht mehr fähig, sie zu verlassen; man klammert sich an sie. Du kennst deine Tendenz dazu – dass du dich umso mehr anklammerst, je attraktiver ein

Mensch ist; dass du mehr und mehr von ihm abhängig wirst. Das ist die Angst.

Niemand möchte abhängig werden. Freiheit ist der höchste Wert. Selbst Liebe steht nicht höher als Freiheit. Freiheit ist der höchste Wert; erst danach kommt die Liebe. Und es besteht ein dauernder Konflikt zwischen Liebe und Freiheit. Liebe versucht sich immer zum höchsten Wert aufzuschwingen. Doch sie ist es nicht. Liebe versucht die Freiheit zu zerstören, denn nur dann kann sie der höchste Wert sein. Alle, die Freiheit lieben, haben also Angst vor der Liebe.

Und Liebe bedeutet, von einem attraktiven Menschen angezogen zu werden. Je schöner der andere Mensch ist, desto mehr fühlt man sich angezogen und desto mehr Angst taucht auf, weil man sich damit in etwas hineinbegibt, dem man nicht mehr so leicht entkommen kann. Einem gewöhnlichen Menschen, einem reizlosen Menschen, kann man leichter entkommen. Und wenn der andere vielleicht sogar hässlich ist, bleibt man frei, wird man nicht allzu abhängig.

> Mulla Nasruddin heiratete die hässlichste Frau der ganzen Stadt. Niemand konnte es so recht glauben. Die Leute fragten ihn: »Nasruddin, was ist denn mit dir passiert?«
> Er erwiderte: »Es liegt eine gewisse Logik darin. Sie ist die einzige Frau, der ich mich jederzeit entziehen kann. Tatsächlich wird es schwierig werden, mich ihr nicht zu entziehen. Sie ist die einzige Frau in der ganzen Stadt, der ich vertrauen kann. Schönen Menschen kann man nicht vertrauen. Sie können sich leicht verlieben, weil sich so viele Menschen von ihnen angezogen fühlen. Dieser Frau kann ich vertrauen; sie wird immer aufrichtig zu mir sein. Ich brauche mir ihretwegen keine Sorgen

zu machen; ich kann monatelang verreisen, ohne Angst zu haben. Meine Frau wird mir treu bleiben.«

Das ist der entscheidende Punkt: Wenn der andere hässlich ist, kann man ihn besitzen. Ein hässlicher Mensch ist von dir abhängig. Wenn der andere dagegen schön ist, wird er dich besitzen. Schönheit hat Macht, enorme Macht.

Ein hässlicher Mensch wird zum Sklaven werden, zum Diener. Ein hässlicher Mensch wird auf jede nur mögliche Art und Weise die fehlende Schönheit zu kompensieren versuchen. Eine hässliche Frau wird eine bessere Ehefrau sein als eine schöne Frau – weil sie es einfach sein muss. Sie wird sich mehr um dich kümmern, sie wird eine bessere Krankenpflegerin sein – weil sie weiß, dass ihr die Schönheit fehlt und sie stattdessen etwas anderes zur Verfügung stellen muss. Sie wird sehr liebevoll zu dir sein; sie wird dich nie kritisieren, sie wird nie mit dir streiten, sie wird nicht in ständigem Kampf mit dir liegen – das kann sie sich gar nicht leisten.

Schöne Menschen sind gefährlich. Sie können es sich leisten zu kämpfen. Das sind also die Gründe.

Du fragst mich: »Warum machen mir attraktive Menschen Angst?«

Weil sie tatsächlich angsteinflößend sind. Solange man das nicht verstanden hat und sich dessen nicht bewusst ist, bleibt die Angst bestehen. Anziehung und Angst sind zwei Aspekte desselben Phänomens. Du wirst dich immer gerade zu den Menschen hingezogen fühlen, vor denen du große Angst hast. Angst bedeutet, dass du zweitrangig bist.

Tatsächlich wünschen sich die Menschen immer das Unmögliche. Frauen wünschen sich einen Mann, den schönsten, mächtigsten Mann der Welt – doch sie möchten auch, dass er sich immer nur für sie interessiert. Nun, das ist eine unmögliche Forderung. Der schönste und mächtigste Mann wird sich natürlich auch für viele andere Menschen interessieren. Und viele andere Menschen werden an ihm interessiert sein. Männer wünschen sich die schönste Frau der Welt, doch sie möchten auch, dass sie ihnen treu ist, dass sie ihnen ergeben ist. Das ist schwierig; das bedeutet, Unmögliches zu verlangen.

Und dann: Wenn eine Frau dir sehr schön erscheint, bedeutet das einfach nur, dass du nicht besonders schön bist. Und auch das macht dir Angst – wenn dir die Frau so schön erscheint, wie sieht es dann von ihrer Seite aus? Du wirst ihr nicht so besonders schön vorkommen. Das macht Angst – sie könnte dich verlassen. All diese Probleme sind da. Doch diese Probleme tauchen nur auf, weil deine Liebe nicht wirklich Liebe ist, sondern nur ein Spiel. Wenn es wirklich Liebe ist, dann gibt es keine Gedanken an die Zukunft. Dann gibt es kein Problem mit der Zukunft. Für wirkliche Liebe gibt es kein Morgen; für wirkliche Liebe gibt es keine Zeit.

Wenn du einen Menschen liebst, dann liebst du ihn. Was morgen geschieht, kümmert dich nicht. Das Heute ist so erfüllt, der momentane Augenblick ist eine Ewigkeit. Was morgen geschieht, werden wir sehen … wenn morgen kommt. Und morgen kommt nie. Wirkliche Liebe findet in der Gegenwart statt.

Denke immer daran: Alles Echte und Wahre muss bewusst sein, muss jetzt sein, muss Meditation sein. Dann gibt es kein Problem! Dann taucht die Frage nach Anziehung und Angst überhaupt nicht auf.

Wirkliche Liebe teilt; ihr geht es nicht darum, den anderen auszubeuten, den anderen zu besitzen. Wenn du den anderen besitzen möchtest, taucht das Problem auf, dass der andere ja auch dich besitzen könnte. Und wenn der andere mächtiger ist als du, mehr Magnetismus besitzt, wirst du natürlich zum Sklaven. Wenn du zum Herrn über den anderen werden möchtest, dann taucht die Angst auf: »Ich könnte ja auch zum Sklaven werden.« Wenn du den anderen nicht in Besitz nehmen möchtest, dann taucht auch die Angst nicht auf, dass der andere dich in Besitz nehmen könnte. Liebe nimmt niemals in Besitz.

Liebe nimmt nicht in Besitz und lässt sich nicht in Besitz nehmen. Wahre Liebe führt in die Freiheit. Freiheit ist der höchste Gipfel, der höchste und letzte Wert. Und Liebe ist der Freiheit am nächsten; der nächste Schritt nach Liebe ist Freiheit. Liebe ist nicht gegen Freiheit; Liebe ist ein Schritt auf dem Weg zur Freiheit. Das ist es, was dir klar werden wird, wenn du bewusst bist: dass Liebe als Schritt auf dem Weg zur Freiheit benutzt werden muss. Wenn du liebst, machst du den anderen frei. Und wenn du den anderen frei machst, macht der andere auch dich frei.

Liebe ist ein Teilen, kein Ausbeuten. Tatsächlich denkt Liebe auch niemals in Begriffen von hässlich und schön. Das wird dich vielleicht überraschen: Liebe denkt niemals in Begriffen von hässlich und schön. Liebe handelt, reflektiert, meditiert – doch sie denkt nicht. Manchmal geschieht es einfach, dass du zu jemandem passt – und plötzlich entsteht vollkommene Harmonie. Das ist keine Frage von schön oder hässlich. Es ist eine Frage der Harmonie, des Rhythmus.

George Gurdjieff pflegte zu sagen, dass es für jeden Mann irgendwo auf der Erde eine entsprechende Frau gibt, und für jede Frau einen entsprechenden Mann. Jeder Mensch wird mit einem polaren Gegenstück geboren. Wenn diese beiden sich finden, entsteht sofort und unmittelbar Harmonie. Alle ihre Zentren funktionieren in Harmonie – das ist Liebe. Es ist ein sehr seltenes Phänomen. Es kommt sehr selten vor, dass man ein Paar findet, das wirklich zueinander passt. In unserer Gesellschaft existieren so viele Tabus, so viele Verbote, dass es beinahe unmöglich ist, den wirklichen Partner, den wahren Gefährten zu finden.

In der östlichen Mythologie haben wir eine Geschichte, einen wunderbaren Mythos, dass zu Beginn, nach der Erschaffung der Welt, die Kinder nicht allein, sondern als Paar geboren wurden: ein Junge und ein Mädchen, zusammen, von derselben Mutter, Zwillinge, die vollkommen zueinander passten – das war das Paar. Sie waren in jeder Hinsicht vollkommen in Harmonie miteinander. Dann fiel der Mensch aus dem Zustand der Gnade – so wie bei der Vorstellung von der Erbsünde –, und zur Strafe wurden die Paare nicht mehr von derselben Mutter geboren. Und doch werden sie immer noch als Paare geboren!

Gurdjieff hat Recht – das ist auch meine Beobachtung. Für jeden Menschen gibt es irgendwo den göttlichen Gefährten. Doch es ist sehr schwierig, ihn zu finden, denn der eine ist vielleicht weiß und sein polares Gegenstück ist schwarz, oder der eine ist ein Hindu und sein polares Gegenstück ein Mohammedaner, oder der eine ist Chinese und sein polares Gegenstück ist Deutscher.

In einer besseren Welt werden die Menschen einfach immer weiter suchen – und solange sie den Menschen nicht gefunden haben, der wirklich zu ihnen passt, fühlen sie eine Art Spannung, eine Angespanntheit. Wenn sie allein sind, fühlen sie sich angespannt, und wenn sie jemanden treffen, der nicht zu ihnen passt oder nur teilweise passt, fühlen sie sich immer noch angespannt. Inzwischen hat auch die wissenschaftliche Forschung festgestellt, dass es Menschen gibt, die zueinander passen, und solche, die nicht zueinander passen. Man kann jetzt wissenschaftliche Zuordnungen vornehmen; jeder Mensch kann seine

Energiezentren, sein Geburtshoroskop, seinen Biorhythmus prüfen lassen. Jetzt gibt es also die Möglichkeit, den anderen Menschen zu finden, der exakt zu einem passt. Die Welt ist kleiner geworden, und sobald man den anderen gefunden hat ... und das ist überhaupt keine Frage von Schönheit oder Hässlichkeit.

Tatsächlich gibt es niemanden, der hässlich ist, und niemanden, der schön ist. Der hässliche Mensch mag wunderbar zu jemandem passen – und dann ist der hässliche Mensch für diesen anderen schön. Schönheit ist ein Widerhall von Harmonie. Es ist nicht so, dass man sich in einen schönen Menschen verliebt; der Prozess ist genau umgekehrt. Wenn man sich in einen Menschen verliebt, wirkt dieser Mensch schön. Es ist die Liebe, die die Vorstellung von Schönheit in das Ganze bringt, nicht umgekehrt.

Doch es geschieht sehr selten, dass man einen Menschen findet, der vollkommen zu einem passt. Wenn man dieses Glück hat, bekommt das Leben eine besondere Melodie; dann sind es zwei Körper und nur eine Seele. Das ist ein wirkliches Paar. Und wann immer man auf ein solches Paar trifft, ist es von großer Anmut und großartiger Musik umgeben, einer wundervollen Aura, einem wunderbaren Licht, einer Stille. Liebe geht dann ganz natürlich in Meditation über.

Die Menschen sollten möglichst freien Umgang miteinander haben dürfen, damit sie sich finden können. Und man sollte nicht voreilig heiraten. Jede Eile ist gefährlich; sie führt nur zu Scheidungen oder zu einem Leben voll dauerndem Elend. Kinder sollten sich frei treffen und begegnen können, alle alten Tabus, Verbote und Einschränkungen sollten fallen; sie sind nicht länger von Bedeutung.

Wir leben in einem posttechnologischen Zeitalter; der Mensch ist reif geworden, und er muss viele Dinge verändern, weil viele Dinge falsch sind. Sie wurden in früheren Zeiten entwickelt, und damals waren sie notwendig – doch inzwischen sind sie nicht mehr notwendig. Beispielsweise können Männer und Frauen jetzt zusammenleben; es gibt keinen Grund mehr, eine Heirat zu überstürzen. Und nur wenn man viele Männer und viele Frauen kennen gelernt hat, weiß man, wer zu einem passt und wer nicht. Es ist keine Frage einer langen Nase oder eines schönen Gesichts; jemand hat vielleicht ein schönes Gesicht, und man fühlt sich angezogen, oder schöne, große Augen, und man fühlt sich angezogen, oder die Haarfarbe ... doch all diese Dinge spielen keine Rolle! Wenn man zusammenlebt, wird man nach zwei Tagen die Haarfarbe gar nicht mehr bemerken, und nach drei Tagen wird einem die Form der Nase nicht mehr auffallen, und nach drei Wochen hat man das Äußere des anderen vollkommen vergessen. Jetzt macht sich die Realität bemerkbar. Jetzt ist spirituelle Harmonie die wirkliche, die entscheidende Sache.

Ehen waren bisher etwas ziemlich Hässliches. Doch die Priester haben sie nur zu gern erlaubt – und nicht nur erlaubt, sie waren sogar diejenigen, die die Ehe erfunden haben. Und es gibt einen Grund, warum Priester in der ganzen Welt für diese hässliche Einrichtung der Ehe waren, die seit 5000 Jahren auf der Erde existiert. Der Grund ist einfach der, dass die Menschen nur dann zur Kirche gehen, zum Tempel gehen, wenn sie unglücklich sind; nur wenn die Menschen unglücklich sind, sind sie bereit, dem Leben zu entsagen. Nur wenn die Menschen unglücklich sind, sind sie in den Händen der Priester! Eine glückliche Menschheit würde keine Priester brauchen. Das ist offensichtlich. Wenn man körperlich gesund ist, braucht man keinen Arzt. Wenn man psychologisch gesund ist, braucht man keinen Psychoanalytiker. Wenn man spirituell gesund ist, braucht man keinen Priester.

Und die größte spirituelle Disharmonie entsteht durch die Ehe. Die Priester haben damit die Hölle auf Erden geschaffen. Das ist ihr Geschäftsgeheimnis – denn dann müssen die Leute zu ihnen kommen und fragen, was sie tun sollen. Das Leben ist so furchtbar! Dann können sie ihnen sagen, wie man sich vom Leben befreit. Dann können sie ihnen Übungen geben, damit sie nie mehr geboren werden, damit sie dem ewigen Rad von Geburt und Tod entkommen. Sie haben aus eurem Leben die Hölle gemacht, und dann lehren sie euch, wie man es loswird.

Meine Bemühungen sind auf das genaue Gegenteil gerichtet: Ich möchte hier und jetzt den Himmel erschaffen, damit es keinen Grund mehr gibt, irgendetwas loswerden zu wollen. Es gibt keinen Grund, sich Gedanken über die Befreiung von Geburt und Tod zu machen, und es braucht die alten so genannten Religionen nicht mehr. Es braucht mehr Musik, es braucht mehr Poesie, es braucht mehr Kunst. Ganz sicher braucht es mehr Mystizismus. Es braucht auch mehr Wissenschaft. Und dann wird eine ganz neue Art von Religion entstehen, eine neue Religion. Eine Religion, die keine gegen das Leben gerichteten Ideologien lehrt, sondern dazu beiträgt, das Leben harmonischer zu leben, künstlerischer, empfindsamer, zentrierter, geerdeter zu leben. Eine Religion, die die Kunst des Lebens lehrt, die Philosophie des Lebens, die lehrt, wie man das Leben mehr feiern kann.

Du fragst: »Warum machen mir attraktive Menschen Angst?«

Weil du tief in dir, wie jeder Mensch, nach dem anderen Pol suchst und dich nicht mit jemandem einlassen möchtest, der vielleicht nicht der andere Pol ist. Doch es gibt keine andere Möglichkeit, den anderen Pol zu finden, außer sich auf viele, viele Freundschaften, auf viele, viele Liebesbeziehungen einzulassen. Wenn du deinen Gegenpol wirklich finden möchtest, musst du dich auf viele Liebesbeziehungen einlassen. Das ist die einzige Möglichkeit zu lernen. Lass also deine Angst los ...

Und wenn du anfängst, dich aus lauter Angst vor schönen Menschen mit hässlichen Leuten einzulassen, wird dich das nicht befriedigen.

Die Cohens waren dabei, ein möbliertes Apartment zu mieten. Mr. Cohen hatte eine Wohnung gefunden, die seinen Anforderungen entsprach, doch Mrs. Cohen erhob Einwände: »Diese Wohnung gefällt mir nicht.«

»Aber wieso, Rachel? Ist es nicht eine schöne Wohnung? Sie hat doch allen modernen Komfort: Kühlschrank, Waschmaschine, Fernseher. Was willst du mehr?«

»Ich weiß, aber es gibt keine Vorhänge im Badezimmer. Wenn ich ein Bad nehme, können die Nachbarn mich sehen.«

»Das ist schon okay, Rachel. Wenn die Nachbarn dich sehen, werden *sie* sich Vorhänge besorgen.«

Hässlichkeit hat ihre Vorteile, doch sie wird dich nicht befriedigen. Und wenn du Angst hast vor schönen Menschen, denke daran, dass du in Wahrheit Angst davor hast, dich auf eine tiefe, intime Beziehung einzulassen – dass du Abstand halten möchtest, dass du Distanz halten möchtest, um jederzeit entkommen zu können, wenn das Bedürfnis auftaucht. Doch so darf man es nicht machen, denn so lernt man die Geheimnisse der Liebe nicht kennen. Man muss sich vollkommen verletzlich hineinbegeben. Man muss alle Schutzpanzer und Abwehrmechanismen ablegen.

Wenn es dir Angst macht, lass die Angst zu und begib dich trotzdem hinein. Die Angst wird verschwinden. Die einzige Möglichkeit, Ängste zu überwinden, besteht darin, sich mit dem zu konfrontieren, wovor man Angst hat. Wenn jemand zu mir kommt und sagt: »Ich habe Angst vor der Dunkelheit«, antworte ich ihm: »Du musst dich einfach in die Dunkelheit begeben, dich irgendwo draußen im Dunkeln unter einen Baum setzen. Zittere! Schwitze, sei nervös, doch bleibe sitzen! Wie lange kannst du schon zittern? Langsam, ganz langsam werden sich die Dinge beruhigen. Dein Herz wird wieder normal schlagen ... und plötzlich wirst du erkennen, dass die Dunkelheit gar nicht so furchterregend ist. Langsam, ganz langsam wird dir die Schönheit der Dunkelheit zu Bewusstsein kommen, diese Schönheit, die nur die Dunkelheit besitzt – die Tiefe, das Schweigen, das samtige Gefühl, die Stille, die Musik der dunklen Nacht, die Insekten, die Harmonie. Und wenn die Angst langsam verschwindet, wirst du überrascht feststellen, dass die Dunkelheit gar nicht so dunkel ist, dass sie ihr eigenes Leuchten hat. Du wirst anfangen, Dinge zu sehen – vage, undeutlich. Doch Deutlichkeit lässt die Dinge flach wirken; Undeutlichkeit gibt ihnen Tiefe und Geheimnis. Licht kann niemals so geheimnisvoll sein wie Dunkelheit. Licht ist Prosa; Dunkelheit ist Poesie. Licht ist nackt; wie lange kann man sich schon dafür interessieren? Dunkelheit dagegen ist verhüllt; sie löst großes Interesse aus, eine große Neugier darauf, sie zu enthüllen.

Wenn du Angst hast vor der Dunkelheit, begib dich in die Dunkelheit. Wenn du Angst hast vor der Liebe, lass dich auf die Liebe ein. Wenn du Angst hast vor dem Alleinsein, begib dich in den Himalaja und bleibe dort eine Weile ganz allein. Das ist die einzige Möglichkeit, die Angst loszuwerden. Und wenn man etwas absichtlich herbeizuführen versucht, kann das manchmal zu großer Bewusstheit führen.

Einmal wurde ein junger Mann zu mir geschickt – er

war Lehrer an einem College –, und sein Problem war, dass er wie eine Frau ging. Als Lehrer an einem College zu unterrichten und dabei wie eine Frau zu gehen ist ziemlich problematisch. Es war ihm äußerst peinlich. Und er hatte schon alles Mögliche probiert.

Ich sagte zu ihm: »Du musst nur eines machen – denn was du jetzt machst, ist eigentlich unmöglich; ein Mann kann nicht wirklich wie eine Frau gehen. Du vollbringst so etwas wie ein Wunder! Denn um wie eine Frau zu gehen, müsstest du eigentlich eine Gebärmutter haben; wegen der runden Form der Gebärmutter geht die Frau anders als der Mann. Ihr Körperschwerpunkt liegt anders. Doch ein Mann kann eigentlich nicht so gehen – wenn ein Mann das kann ...« Und ich sagte ihm: »Das ist eigentlich etwas, worauf du stolz sein kannst! Du vollbringst ein Wunder. Zeig es mir doch mal.«

Er fragte: »Was meinst du damit, ein Wunder?«

Ich bat ihn: »Lauf einfach mal hier vor mir auf und ab und geh dabei wie eine Frau.«

Er versuchte es, doch es gelang ihm nicht. Er konnte nicht wie eine Frau gehen. Also erklärte ich ihm: »Siehst du, das ist der Schlüssel. Geh jetzt zurück zum College. Bisher hast du immer versucht, *nicht* wie eine Frau zu gehen. Von jetzt an versuche ganz bewusst und absichtlich, wie eine Frau zu gehen. Deine Anstrengung, *nicht* wie eine Frau zu gehen, war der Grund für das ganze Problem. Es ist zu einer Obsession geworden. Du hast dich selbst hypnotisiert. Du kannst dich nur dehypnotisieren, indem du versuchst, es absichtlich zu tun. Geh sofort zum College zurück und lauf herum und versuche ganz bewusst, wie eine Frau zu gehen.«

Er versuchte es, doch es gelang ihm nicht – und seither ist es ihm nie wieder gelungen.

Wenn du Angst hast, denke daran, dass es immer dasselbe ist, ob du nun vor attraktiven Menschen Angst hast oder davor, dass jemand deinen Nabel berührt, oder vor der Dunkelheit oder davor, wie eine Frau zu gehen, oder vor diesem oder jenem, XYZ, es spielt keine Rolle. Angst muss aufgelöst werden, denn Angst verkrüppelt dich, Angst paralysiert dich.

Und die einzige Möglichkeit ist, dich hineinzubegeben. Die Erfahrung befreit. Es ist immer besser, zu lernen. Es ist immer besser, die Angst loszuwerden. Es ist besser, dich auf Menschen einzulassen. Und wenn du anfängst, dich auf Beziehungen einzulassen, wirst du feststellen, dass jeder Mensch etwas Schönes an sich hat. Niemand ist ohne Schönheit. Die Schönheit hat vielleicht unterschiedliche Dimensionen – bei dem einen ist das Gesicht schön, bei dem anderen die Stimme, bei einem der Körper, bei jemand anderem der Geist. Niemand ist ohne Schönheit; das Leben schenkt jedem die eine oder andere Art von Schönheit. Es gibt so viele unterschiedliche Schönheiten, wie es Menschen gibt.

Und die einzige Möglichkeit, mit der Schönheit eines anderen Menschen in Kontakt zu kommen, ist, ihm nahe zu kommen, alle Ängste loszulassen, jede Abwehr fallen zu lassen. Dann wirst du überrascht feststellen: Gott drückt sich in unterschiedlichen Formen aus – und Gott ist Schönheit.

Im Osten haben wir drei Worte für Gott: *satyam* – Wahrheit, *shivam* – das höchste Gute, *sundram* – die höchste Schönheit. Und Schönheit ist das letzte der drei Worte – Gott ist schön, Gott ist Schönheit. Wo immer du Schönheit findest, ist es eine Reflexion von Gottes Schönheit. Und wenn du dich vor der Reflexion fürchtest, wie willst du da mit dem Wirklichen in Beziehung treten? Die Reflexion ist dazu da, um die Lektionen zu lernen, sodass du eines Tages mit dem Wirklichen in Beziehung treten kannst.

Warum fühle ich mich immer so befangen?

Freiheit ist das Ziel des Lebens. Ohne Freiheit hat das Leben überhaupt keine Bedeutung. Mit *Freiheit* meine ich nicht politische, soziale oder ökonomische Freiheit. Mit *Freiheit* meine ich, frei zu sein von der Zeit, frei zu sein vom Verstand, frei zu sein von Verlangen. In dem Augenblick, in dem der Verstand nicht mehr da ist, bist du eins mit dem Universum; bist du so unendlich wie das Universum selbst.

Der Verstand bildet eine Schranke zwischen dir und der Wirklichkeit, und aufgrund dieser Schranke befindest du dich auf die Dauer in einer dunklen Gefängniszelle, in die weder Licht noch Freude jemals vordringen. Du lebst im Elend, weil du nicht dafür geschaffen bist, auf solch kleinem, beengtem Raum zu leben. Dein Wesen möchte sich bis zur Quelle der Existenz selbst ausdehnen. Dein Wesen sehnt sich danach, ozeanisch zu sein, und du bist zu einem Tautropfen geworden. Wie kannst du da glücklich sein? Wie kannst du da selig sein? Der Mensch lebt im Unglück, weil er eingesperrt lebt.

Gautama Buddha sagt, dass *tanha* – Verlangen – die Wurzel all eures Unglücks ist, weil das Verlangen den Verstand erzeugt. Verlangen bedeutet, eine Zukunft zu erschaffen, dich selbst in die Zukunft zu projizieren, das Morgen ins Spiel zu bringen. Bring das Morgen ins Spiel, und das Heute verschwindet; du kannst es nicht mehr sehen, denn deine Augen sind vom Morgen bewölkt. Bring das Morgen ins Spiel, und du wirst die Last all deiner Gestern tragen müssen, denn das Morgen kann nur existieren, wenn es vom Gestern genährt wird.

Jedes Verlangen wird aus der Vergangenheit geboren, und jedes Verlangen wird in die Zukunft projiziert. Vergangenheit und Zukunft machen den ganzen Verstand aus. Analysiert den Verstand, zerlegt ihn, und ihr werdet nur zwei Dinge finden: Vergangenheit und Zukunft. Ihr werdet nicht ein Fünkchen Gegenwart finden, nicht einmal ein einziges Atom. Doch die Gegenwart ist die einzige Realität, die einzige Existenz, der einzige Tanz, den es gibt.

Die Gegenwart lässt sich nur finden, wenn der Verstand vollkommen still ist – wenn du nicht mehr von der Vergangenheit überwältigt und von der Zukunft besessen bist, wenn du frei bist von Erinnerungen und Vorstellungen. Wo bist du in solch einem Augenblick? Wer bist du? In solch einem Augenblick bist du ein Niemand. Und niemand kann dich mehr verletzen, wenn du ein Niemand bist. Man kann dich nicht mehr verletzen, weil es das Ego ist, das nur allzu bereit ist, sich Wunden zufügen zu lassen. Das Ego strebt schon fast danach, sich verletzen zu lassen, denn es existiert durch Wunden. Seine ganze Existenz beruht auf Leid, auf Schmerzen.

Wenn du ein Niemand bist, ist Angst einfach nicht mehr möglich, ist Besorgnis einfach nicht mehr vorstellbar. Wenn du ein Niemand bist, herrscht großes Schweigen, Stille und kein Lärm im Innern. Die Vergangenheit ist verschwunden, die Zukunft ist verschwunden – was könnte da noch Lärm erzeugen? Und die Stille, die dann herrscht, ist himmlisch, ist heilig. In diesen Räumen jenseits des Verstandes wirst du dir zum ersten Mal der ewigen Feier des Lebens bewusst werden. Das ist es, woraus die Existenz besteht.

Mit Ausnahme des Menschen ist die ganze Existenz voller Glückseligkeit. Nur der Mensch ist herausgefallen, nur der Mensch ist in die Irre gegangen. Nur der Mensch kann das tun, weil nur der Mensch ein Bewusstsein besitzt.

Und für das Bewusstsein gibt es zwei Möglichkeiten: Es

kann zu einem hellen Licht in dir werden, so hell, dass selbst die Sonne dagegen verblasst – Buddha sagt, wenn man ohne den Verstand nach innen blickt, herrscht dort ein umfassendes, ewiges Licht, so als ob tausend Sonnen gleichzeitig aufgegangen wären. Alles ist Freude, reine, unverdorbene, strahlende Freude. Alles ist Seligkeit, einfach und unschuldig. Alles ist voller Wunder. Die Majestät ist unbeschreiblich, die Schönheit unaussprechlich, der Segen unerschöpflich. *Aes dhammo sanantano* – »das ist das höchste Gesetz«.

Wenn du deinen Verstand beiseite lassen kannst, wirst du dir des kosmischen Spiels bewusst. Dann bist du einfach nur Energie, und Energie ist immer hier und jetzt, sie verlässt niemals das Hier und Jetzt. Das ist die eine Möglichkeit; du kannst zu reinem Bewusstsein werden.

Die andere Möglichkeit ist, dass du dir deiner selbst bewusst wirst. Dann wirst du befangen. Dann fällst du. Dann wirst du ein von der Welt getrenntes Wesen. Dann wirst du zu einer Insel, definiert und abgegrenzt. Dann bist du eingeschlossen, weil alle Definitionen einschließen. Dann befindest du dich in einer Gefängniszelle, und die Zelle ist dunkel, vollkommen dunkel. Es gibt kein Licht, keine Möglichkeit für Licht. Und diese Gefängniszelle verkrüppelt dich, lähmt dich.

Jedes Bewusstsein deiner selbst wird zu einer Gefangenschaft, mit dir selbst als Wärter. Reines Bewusstsein dagegen ist Freiheit.

Lass also das Selbst los und sei bewusst! Das ist die ganze Botschaft, die Botschaft aller Buddhas in der Vergangenheit, Gegenwart und Zukunft. Der essenzielle Kern der Botschaft ist sehr einfach: Lass das Selbst fallen, das Ego, den Verstand – und sei.

In diesem Augenblick, wenn diese Stille herrscht, wer bist du da? Ein Niemand, ein Nichts. Du hast keinen

Namen, du hast keine Gestalt. Du bist weder Mann noch Frau, weder Hindu noch Mohammedaner. Du gehörst zu keinem Land, zu keiner Nation, zu keiner Rasse. Du bist nicht der Körper, und du bist auch nicht der Verstand.

Was bist du dann? Was ist dein Geschmack in dieser Stille? Was ist der Geschmack des Seins? Nur Frieden, nur Stille ... und aus diesem Frieden und dieser Stille heraus taucht eine große Freude auf, sprudelt sie hervor, ganz ohne Grund. Das ist deine spontane Natur.

Die Kunst, den Verstand beiseite zu legen, ist das ganze Geheimnis der Religiosität, denn sobald du den Verstand beiseite legst, explodiert dein Sein in tausend Farben. Du wirst zu einem Regenbogen, zu einer Lotusblüte, zu einem tausendblättrigen Lotus. Plötzlich öffnest du dich, und die ganze Schönheit des Lebens – die unendlich ist – ist dein. Dann befinden sich alle Sterne des Himmels in dir. Dann ist selbst der Himmel nicht mehr deine Grenze; du hast keine Grenzen mehr.

Stille gibt dir die Möglichkeit, dich aufzulösen, zu verschmelzen, zu verschwinden, dich zu verflüchtigen. Und wenn du nicht mehr bist, bist du; zum ersten Mal bist du wirklich. Wenn du nicht mehr bist, ist Gott, ist Nirwana, ist Erleuchtung. Wenn du nicht mehr bist, ist alles gefunden. Wenn du bist, ist alles verloren.

Der Mensch wurde befangen im Bewusstsein seiner selbst; das ist sein Irrweg, das ist die Erbsünde. Alle Religionen sprechen auf die eine oder andere Weise vom Fall des Menschen, doch das Christentum hat die beste Geschichte. Die Erbsünde entstand, weil der Mensch vom Baum der Erkenntnis aß. Vom Baum der Erkenntnis zu essen, die Früchte des Wissens zu essen, führt zur Erkenntnis seiner selbst und damit zu Befangenheit.

Je mehr man weiß, desto egoistischer wird man ... daher das Ego der Gelehrten, der großen Koryphäen, der Experten. Das Ego schmückt sich mit großartigem Wissen, mit Schriften, mit Gedankensystemen. Doch sie machen dich nicht unschuldig; sie schenken dir nicht diese kindliche Qualität von Offenheit, von Vertrauen, von Liebe, von Spiel. Vertrauen, Liebe, Spiel und Staunen verschwinden, wenn man mehr und mehr Wissen ansammelt.

Doch uns wird beigebracht, Wissen anzusammeln. Uns wird nicht beigebracht, unschuldig zu sein, das Wunder der Existenz wahrzunehmen. Man lehrt uns die Namen der Blumen, doch man bringt uns nicht bei, mit den Blumen zu tanzen. Man lehrt uns die Namen der Berge, doch man bringt uns nicht bei, mit den Bergen zu kommunizieren, mit den Sternen zu kommunizieren, mit den Bäumen zu kommunizieren, uns auf die Existenz einzustimmen.

Wie kann man glücklich sein, wenn man nicht eingestimmt ist? Wenn man nicht eingestimmt ist, muss man voller Angst bleiben, voller Unglück, voller Schmerz. Man kann nur glücklich sein, wenn man mit dem Tanz des Ganzen mittanzt, wenn man Teil des Tanzes ist, wenn man Teil dieses großen Orchesters ist, wenn man sein Lied nicht getrennt davon singt. Nur dann, in diesem Verschmelzen, ist der Mensch wirklich frei.

Wie kann ich ich selbst bleiben? Ich habe das Gefühl, dass ich mich selbst verliere, wenn ich anderen Menschen wirklich nahe komme.

Jeder möchte außergewöhnlich sein. Das ist das Streben des Egos: jemand zu sein, der besonders ist, jemand zu sein, der einzigartig und unvergleichlich ist. Und das ist das Paradox: Je mehr man versucht, außergewöhnlich zu sein, desto gewöhnlicher wird man, weil jeder nach Außergewöhnlichkeit strebt. Es ist so ein gewöhnliches Verlangen. Wenn man dagegen gewöhnlich wird, ist das allein schon außergewöhnlich, denn selten möchte jemand einfach niemand sein, selten möchte jemand einfach ein hohler, leerer Raum sein.

Das ist in gewisser Weise wirklich außergewöhnlich, weil niemand es möchte. Wenn man also ganz gewöhnlich wird, wird man außergewöhnlich, und dann wird man plötzlich feststellen, dass man einzigartig geworden ist, ohne danach zu streben.

Tatsächlich ist jeder Mensch einzigartig. Wenn du nur einen einzigen Augenblick aufhören kannst, ständig irgendwelchen Zielen hinterherzurennen, wirst du erkennen, dass du einzigartig bist. Es ist nichts, was man entwickeln müsste; es ist bereits vorhanden. Es ist bereits der Fall: Zu sein bedeutet, einzigartig zu sein. Es gibt keine andere Art zu sein. Jedes Blatt an einem Baum ist einzigartig, jeder Kiesel am Strand ist einzigartig; es gibt keine andere Art zu sein. Auf der ganzen Erde lässt sich kein anderer identischer Kiesel mehr finden.

Es gibt keine zwei identischen Dinge, also besteht überhaupt keine Notwendigkeit, jemand zu sein. Sei einfach du selbst, und plötzlich bist du einzigartig, unvergleichlich. Darum sage ich, dass es sich hier um ein Paradox handelt: Die danach streben, verfehlen es, und die, die sich nicht darum kümmern, erreichen es plötzlich.

Doch lasst euch nicht von Worten verwirren. Ich möchte es noch einmal wiederholen: Das Verlangen, außergewöhnlich zu sein, ist sehr gewöhnlich, weil jeder es hat. Dass jemand so viel Verständnis hat, dass er nur ganz gewöhnlich sein möchte, ist dagegen außergewöhnlich, weil es nur selten vorkommt. Ein Buddha, ein Lao-tse, ein Jesus hatten es. Ansonsten versucht jeder, einzigartig zu sein, und alle diese Menschen versagen, versagen vollkommen.

Wie könntest du einzigartiger sein, als du bereits bist? Die Einzigartigkeit ist bereits vorhanden; du musst sie nur entdecken. Du brauchst sie nicht zu erfinden; sie ist in dir verborgen. Du musst sie aufdecken, das ist alles. Diese Einzigartigkeit muss man nicht kultivieren. Sie ist dein Schatz. Du hast sie schon immer und ewig in dir getragen. Sie ist dein Wesen, der innerste Kern deines Wesens. Du musst nur die Augen schließen und dich selbst betrachten. Du musst nur eine Weile innehalten und dich ausruhen und schauen. Doch ihr rennt alle so schnell, ihr seid in solcher Eile, es zu erreichen, dass ihr es verfehlt.

Einer von Lao-tses großen Schülern, Lieh-tse, erzählte einmal eine Geschichte von einem Idioten, der mit einer Kerze in der Hand nach Feuer suchte. Lieh-tse meinte dazu: »Hätte er gewusst, was Feuer ist, hätte er seinen Reis früher kochen können. Er blieb die ganze Nacht über hungrig, weil er nach Feuer suchte und keines finden konnte, und doch hatte er eine Kerze in der Hand. Wie könnte man auch ohne Kerze im Dunkeln suchen?«

Ihr sucht nach Einzigartigkeit, doch ihr habt sie bereits in der Hand. Wenn ihr das versteht, könnt ihr euren Reis früher kochen. Ich habe meinen Reis gekocht, und ich weiß es. Ihr seid unnötigerweise hungrig – der Reis ist da, die Kerze ist da, und die Kerze ist Feuer. Ihr braucht die Kerze nicht zu nehmen und euch auf die Suche zu begeben. Wenn ihr die Kerze in die Hand nehmt und damit in der ganzen Welt auf Suche geht, werdet ihr doch kein Feuer finden, weil ihr gar nicht wisst, was Feuer ist. Andernfalls hättet ihr es schon längst verstanden, denn die Kerze ist ja unmittelbar vor euch, ihr haltet sie in der Hand.

So etwas passiert manchmal Menschen, die eine Brille tragen. Sie haben die Brille auf und suchen gleichzeitig danach. Sie sind vielleicht in Eile, und wenn sie in Eile sind, suchen sie überall und vergessen völlig, dass sie die Brille bereits aufhaben. Man kann dabei richtig in Panik geraten.

Vielleicht hast du schon einmal eine ähnliche Erfahrung gemacht – dass du beim Suchen so panisch und aufgeregt und verwirrt warst, dass du nicht mehr klar sehen und nicht mehr erkennen konntest, was unmittelbar vor dir war.

So ist es auch hier. Du brauchst nicht nach Einzigartigkeit zu suchen; du bist bereits einzigartig. Es gibt keine Möglichkeit, etwas noch einzigartiger zu machen. Das Wort »einzigartiger« ist absurd. Einzigartig ist genug, es gibt nichts »Einzigartigeres«. Es ist wie bei dem Wort »Kreis«. Es gibt Kreise – doch es gibt nichts »Kreisförmigeres«. Das wäre absurd. Ein Kreis ist immer vollkommen; es braucht nicht mehr. Es gibt keine Abstufungen der Kreisförmigkeit. Ein Kreis ist ein Kreis; ein Mehr oder ein Weniger gibt es hier nicht.

Einzigartigkeit ist Einzigartigkeit; da gibt es kein Mehr oder Weniger. Du bist bereits einzigartig. Das realisiert man aber erst, wenn man bereit ist, gewöhnlich zu werden. Das ist das Paradox. Doch wenn man es versteht, ist es kein Problem mehr – das Paradox ist vorhanden, und es ist schön, und es ist kein Problem. Ein Paradox ist kein Problem. Es sieht nur wie ein Problem aus, wenn man es nicht versteht; wenn man es versteht, ist es wunderbar, ist es ein Mysterium.

Werde gewöhnlich, und du wirst außergewöhnlich sein. Versuche außergewöhnlich zu sein, und du wirst gewöhnlich bleiben.

Was bedeutet es, zu geben, und was bedeutet es, zu empfangen? Ich verstehe inzwischen, dass ich gerade erst anfange, einen Schimmer davon zu bekommen. Empfänglichkeit fühlt sich für mich an wie Sterben, und alles in mir schaltet automatisch auf Alarmstufe Rot. Hilfe! Das Leben erscheint mir so riesig.

Ich kann verstehen, was dich beunruhigt. Es beunruhigt fast jeden Menschen. Es ist gut, dass du es erkannt hast, denn nun lässt sich etwas daran ändern. Schlecht dran sind nur diejenigen, die unter demselben Problem leiden, sich dessen aber nicht bewusst sind; weil es ihnen an Bewusstheit fehlt, gibt es keine Möglichkeit für eine Transformation.

Du hast den Mut gehabt, dich zu zeigen. Ich bin sehr froh darüber. Ich möchte, dass alle meine Leute mutig genug sind, sich zu zeigen, wie hässlich es ihnen auch vorkommen mag.

Wir sind darauf konditioniert, das Hässliche zu verbergen und Schönes vorzutäuschen. Das führt zu einer schizophrenen Situation: Man zeigt das, was man nicht ist, und man unterdrückt das, was man ist. Das Leben wird zu einem ständigen Bürgerkrieg. Man kämpft mit sich selbst, und jeder Kampf mit sich selbst wird einen schließlich zerstören. Keiner kann gewinnen.

Wenn meine rechte Hand und meine linke Hand miteinander kämpfen, kann dann eine der beiden Hände gewinnen? Ich kann nur manchmal die rechte Hand denken lassen, sie sei der Gewinner, und manchmal kann ich wechseln und die linke Hand denken lassen, sie sei der Gewinner. Doch keine von beiden kann wirklich gewinnen, denn beide sind meine Hände.

Fast jeder Mensch besitzt eine gespaltene Persönlichkeit. Und das Entscheidende dabei ist, dass jeder sich mit dem falschen Teil identifiziert und seine eigene Realität verleugnet. In so einer Situation gibt es keine Möglichkeit, als spirituelles Wesen zu wachsen.

Es ist sehr wichtig zu verstehen, was die Fragestellerin sagt. Sie fragt: »Was bedeutet es, zu geben?« Habt ihr euch jemals gefragt, was es bedeutet, zu geben? Ihr denkt, ihr gebt bereits so viel, euren Kindern, eurer Frau, eurer

Freundin, der Gesellschaft, dem Rotary Club, dem Lions Club – ihr gebt doch so viel. Doch Tatsache ist, dass ihr überhaupt nicht wisst, was es bedeutet, zu geben.

Solange du nicht dich selbst gibst, ist es überhaupt kein Geben.

Du kannst Geld geben, doch du bist nicht das Geld. Solange du nicht dich selbst gibst – und das bedeutet, solange du nicht deine Liebe gibst –, weißt du nicht, was Geben ist.

»… und was bedeutet es, zu empfangen?« Fast jeder denkt, dass er weiß, was es bedeutet, zu empfangen. Doch diese Frau hat Recht, es infrage zu stellen und sich damit zu zeigen – dass sie nicht weiß, was es heißt, zu empfangen. So wie man nicht weiß, was Geben bedeutet, solange man keine Liebe gibt, so gilt das auch für das Empfangen: Solange man nicht fähig ist, Liebe zu empfangen, weiß man nicht, was es heißt, zu empfangen. Ihr möchtet geliebt werden, doch ihr habt noch nie darüber nachgedacht: Seid ihr auch fähig, Liebe zu empfangen? Es gibt so viele Hindernisse, die euch davon abhalten, Liebe zu empfangen.

Das erste Hindernis ist, dass ihr keine Selbstachtung besitzt; wenn Liebe zu euch kommt, fühlt ihr euch also nicht würdig, sie zu empfangen. Doch ihr befindet euch in so großer Verwirrung, dass ihr nicht einmal diese einfache Tatsache erkennen könnt: Wenn ihr euch niemals so akzeptiert habt, wie ihr seid, wenn ihr euch selbst niemals geliebt habt, wie könnt ihr da die Liebe eines anderen empfangen? Ihr wisst, ihr seid sie nicht wert, und gleichzeitig wollt ihr doch auch diese dumme Vorstellung nicht akzeptieren, die euch eingetrichtert wurde, nämlich dass ihr sie nicht wert seid. Was macht ihr also? Ihr weist einfach die Liebe zurück. Und um die Liebe zurückzuweisen, müsst ihr Entschuldigungen finden.

Die erste und häufigste Entschuldigung ist: »Es ist keine Liebe – darum kann ich sie nicht annehmen.« Ihr könnt nicht glauben, dass jemand euch wirklich lieben könnte. Wenn ihr euch selbst nicht lieben könnt, wenn ihr euch selbst noch nie gesehen habt, eure eigene Schönheit, eure Anmut, eure Größe, wie könntet ihr dann glauben, wenn jemand sagt: »Du bist wunderschön. Ich sehe in deinen Augen eine Tiefe, unauslotbar, von wunderbarer Anmut. Ich spüre in deinem Herzen einen Rhythmus, der im Einklang mit dem Universum schlägt.« Ihr könnt das alles nicht glauben; es ist zu viel. Ihr seid es gewohnt, verurteilt zu werden, bestraft zu werden, zurückgewiesen zu werden. Ihr seid es gewohnt, nicht so akzeptiert zu werden, wie ihr seid – diese Dinge könnt ihr also ganz leicht annehmen.

Liebe wird eine enorme Wirkung auf euch haben, weil ihr durch eine große Transformation gehen müsst, bevor ihr sie annehmen könnt. Zuerst müsst ihr euch selbst ohne jedes Schuldgefühl annehmen. Ihr seid keine Sünder, wie euch das Christentum und andere Religionen immer weismachen wollen.

Ihr erkennt die Dummheit der ganzen Sache nicht. Irgendein Typ in der fernen Vergangenheit, ein gewisser Adam, hat Gott nicht gehorcht, was keine besonders große Sünde ist. Tatsächlich war er absolut im Recht, nicht zu gehorchen. Wenn jemand eine Sünde begangen hat, dann war es Gott, indem er seinem eigenen Sohn, seiner eigenen Tochter verbot, die Frucht der Erkenntnis zu essen, die Frucht des ewigen Lebens zu essen. Was für ein Vater ist das? Was für ein Gott? Was für eine Liebe?

Liebe hätte eigentlich verlangt, dass Gott zu Adam und Eva gesagt hätte: »Bevor ihr irgendetwas anderes esst, solltet ihr an diese beiden Bäume denken. Esst so viel vom Baum der Erkenntnis und vom Baum des ewigen Lebens, wie ihr wollt, damit ihr in denselben Zustand der Unsterblichkeit gelangt wie ich.« Das sollte die einfachste Sache sein für jemanden, der liebt. Doch ein Gott, der Adam von der Erkenntnis abhält, will, dass er unwissend bleibt. Vielleicht ist er eifersüchtig und hat Angst, dass Adam ihm ebenbürtig wäre, wenn er dieselbe Erkenntnis hat. Er möchte Adam in seiner Unwissenheit belassen, damit er unterlegen bleibt. Und wenn Adam die Frucht vom Baum des ewigen Lebens essen würde, würde er selbst zu einem Gott werden.

Dieser Gott, der Adam und Eva diese Verbote auferlegte, muss sehr eifersüchtig, absolut hässlich, unmenschlich und lieblos gewesen sein. Und wenn all das keine Sünde ist, was sollte dann Sünde sein? Doch eure Religion – Judentum und Christentum und Islam – hat euch gelehrt, dass ihr immer noch die Sünde mit euch herumtragt, die Adam beging. Wie weit kann man Lügen denn noch ausdehnen? Selbst wenn Adam eine Sünde begangen hätte, könntet ihr sie nicht tragen. Diese Religionen sagen, dass ihr von Gott erschaffen wurdet, und doch tragt ihr nicht Göttlichkeit in euch, sondern Adams und Evas Ungehorsam?

Das ist die westliche Art, euch zu verurteilen – euch zu Sündern zu machen. Der Osten kommt zu derselben Schlussfolgerung, wenn er auch von anderen Voraussetzungen ausgeht. Hier heißt es, dass jeder Mensch mit ungeheurer Schuld und bösen Taten beladen ist, die er in Millionen vergangener Leben begangen hat. Tatsächlich ist die Last eines Christen, Juden oder Mohammedaners viel geringer. Ihr tragt nur die Sünde, die Adam und Eva begangen haben. Und sie muss inzwischen schon sehr verdünnt sein – über so viele Jahrhunderte hinweg. Ihr seid nicht die direkten Erben von Adams und Evas Sünde. Sie ist bereits durch viele Millionen Hände gegangen;

inzwischen muss die Konzentration schon fast homöopathisch sein.

Das östliche Konzept ist da sogar noch gefährlicher. Hier tragt ihr nicht etwa die Sünde eines anderen. Erstens kann man die Sünde eines anderen überhaupt nicht tragen. Dein Vater begeht ein Verbrechen – dafür kann man nicht dich ins Gefängnis stecken. Selbst der gewöhnliche Menschenverstand sagt einem, dass der Vater leiden muss, wenn er die Sünde oder das Verbrechen begangen hat. Man kann nicht den Sohn oder den Enkel an den Galgen bringen, nur weil der Großvater einen Mord begangen hat.

Darum ist das östliche Konzept noch viel gefährlicher und giftiger: Es ist deine eigene Sünde, die du trägst, nicht die von Adam und Eva. Und es ist nicht etwa eine kleine Menge; sie ist mit jedem Leben angewachsen! Und du hast vor diesem Leben schon Millionen von Leben gelebt, und in jedem Leben hast du so viele Sünden begangen. Sie lasten alle auf deiner Brust. Diese Last ist gigantisch, sie erdrückt dich.

Das ist eine seltsame Strategie, um eure Würde zu zerstören, euch zu niederen Wesen zu machen. Wie könntet ihr euch selbst da noch lieben? Ihr könnt euch hassen, aber ihr könnt euch nicht lieben. Wie könntet ihr annehmen, dass ein anderer euch lieben könnte? Es ist besser, diese Liebe zurückzuweisen, denn früher oder später wird der andere, der euch seine Liebe anbietet, eure Realität entdecken, die so hässlich ist – eine lange, lange Latte von Sünden. Und dann würde der andere euch zurückweisen. Um das zu vermeiden, ist es besser, Liebe von vornherein abzulehnen. Das ist der Grund, warum Menschen Liebe nicht annehmen.

Sie wünschen sich Liebe, sie sehnen sich danach. Doch wenn der Augenblick kommt und jemand bereit ist, ihnen

Liebe zu schenken, schrecken sie zurück. Dieses Zurückschrecken hat tiefe psychologische Gründe. Ängstliche Gedanken tauchen in ihnen auf: Das ist wunderbar, doch wie lange wird es anhalten? Früher oder später wird meine Realität ans Tageslicht kommen. Also besser von Anfang an vorsichtig sein.

Liebe bedeutet Intimität, Liebe bedeutet, dass sich zwei Menschen näher kommen, Liebe bedeutet zwei Körper, doch nur eine Seele. Deshalb hast du Angst: Deine Seele? Die Seele eines Sünders, die mit den bösen Taten von Millionen von Leben belastet ist? Nein, die sollte man besser verbergen. Lieber begibst du dich gar nicht erst in eine Situation, in der dich ein Mensch zurückweisen könnte, der dich lieben wollte. Es ist die Angst vor Zurückweisung, die es euch nicht erlaubt, Liebe anzunehmen.

Ihr könnt keine Liebe geben, weil niemand euch jemals gesagt hat, dass ihr als liebende Wesen geboren wurdet. Stattdessen hat man euch gesagt: »Ihr seid in Sünde geboren!« Ihr könnt nicht lieben, und ihr könnt auch keine Liebe annehmen. Das hat all eure Wachstumsmöglichkeiten beeinträchtigt.

Die Fragestellerin sagt: *»Ich verstehe inzwischen, dass ich gerade erst anfange, einen Schimmer davon zu bekommen.«* Du hast Glück, denn es gibt Millionen Menschen in der Welt, die komplett blind geworden sind für ihre eigene Konditionierung, für die hässliche Last, die die ältere Generation ihnen aufgeladen hat. Sie tut so weh, dass es besser ist, sie komplett zu verdrängen. Doch wenn man sie verdrängt, kann man sie nicht loswerden.

Wenn man einen Krebs verdrängt, kann man ihn nicht operieren lassen. Wenn ihr ihn nicht erkennt, ihn im Dunkeln lasst, geht ihr ein großes und unnötiges Risiko ein. Er wird immer weiter wachsen. Er braucht Dunkelheit; er braucht es, dass man nichts von ihm weiß. Früher oder später wird er euch ganz vereinnahmen. Und niemand außer euch selbst wird dafür verantwortlich sein.

Wenn du also das Gefühl hast, dass du anfängst, einen Schimmer davon zu bekommen, dann öffnen sich ein paar Fenster in dir.

»Empfänglichkeit fühlt sich für mich an wie Sterben ...« Hast du jemals darüber nachgedacht? Empfänglichkeit fühlt sich für dich an wie Sterben – das ist wahr. Empfänglichkeit fühlt sich an wie Sterben, weil Empfänglichkeit wie eine Demütigung wirkt. Etwas zu empfangen, besonders Liebe, bedeutet, dass man ein Bettler ist. Niemand möchte der Empfangende sein, denn dadurch ist man dem Gebenden unterlegen. *»Empfänglichkeit fühlt sich für mich an wie Sterben, und alles in mir schaltet automatisch auf Alarmstufe Rot.«*

Diese Alarmstufe wurde in dir installiert – von der Gesellschaft, die du immer geachtet hast, und von den Menschen, die du immer für wohlgesinnt gehalten hast. Doch ich sage damit nicht, dass sie absichtlich versuchten, dir zu schaden. Andere haben ihnen auf dieselbe Weise geschadet, und sie geben einfach nur weiter, was sie von ihren Eltern, von ihren Lehrern, von der älteren Generation empfangen haben.

Jede Generation gibt ihre Krankheiten an die junge Generation weiter, und dadurch wird die junge Generation natürlich immer stärker belastet. Ihr habt all die abergläubischen, repressiven Konzepte der ganzen Geschichte geerbt. Was da auf Alarmstufe Rot schaltet, ist nichts, was zu dir gehört. Es ist deine Konditionierung, die auf Alarmstufe Rot schaltet. Und dein letzter Satz ist nur ein Versuch, eine rationale Begründung, eine Entschuldigung, eine Ausrede dafür zu finden. Auch das ist eine der großen Gefahren, deren man sich bewusst sein muss.

Sucht keine Entschuldigungen.

Geht zur Wurzel jedes Problems.

Sucht keine Entschuldigungen, denn wenn ihr Entschuldigungen findet, könnt ihr die Wurzeln nicht entfernen.

Die letzte Aussage der Fragestellerin ist eine Ausrede. Vielleicht ist sie noch nicht fähig, diese innere Qualität zu erkennen. Sie sagt: *»Hilfe! Das Leben erscheint mir so riesig.«*

Jetzt denkt sie, dass sie Angst hat, zu empfangen, weil das Leben so riesig ist, dass sie Angst hat, zu geben, weil das Leben so riesig ist. Was bringt es schon, die eigene kleine Liebe, die nur wie ein Tautropfen ist, dem Ozean zu schenken? Der Ozean wird es niemals bemerken; es bringt also nichts, zu geben, und es bringt auch nichts, zu empfangen. Weil der Ozean so riesig ist, wird man darin ertrinken. Daher erscheint es wie der Tod. Doch das ist eine Ausrede.

Du weißt nichts über das Leben; du weißt nichts über dich selbst – dabei bist du für dich selbst der nächste Zugang zum Leben. Solange du nicht mit dir selbst beginnst, wirst du das Leben niemals kennen lernen. Das ist der Ausgangspunkt, und alles muss mit dem Anfang beginnen.

Wenn du dich selbst kennst, kennst du auch dein Leben, deine Existenz. Und der Geschmack und der Duft deines Lebens werden dir den Mut geben, ein wenig tiefer in das Leben der anderen vorzudringen. Wenn deine eigene Existenz dich schon so glücklich gemacht hat, ist es eine natürliche Sehnsucht, in andere Mysterien vorzudringen, die dich umgeben: Menschen, Tiere, Bäume, Sterne.

Und wenn du erst einmal deine eigene Existenz kennen gelernt hast, hast du keine Angst mehr vor dem Tod.

Der Tod ist eine Fiktion; er geschieht nicht, es erscheint nur so. Es erscheint nur so von außen. Hast du jemals deinen eigenen Tod gesehen? Du hast immer nur andere sterben sehen. Doch hast du jemals dich selbst sterben sehen? Niemand hat das jemals gesehen, sonst wäre selbst dieses Minimum an Leben unmöglich. Jeden Tag stirbt jemand, doch immer ist es jemand anderer; niemals bist du es selbst.

Der Dichter, der schrieb: »Frag nicht, für wen die Glocke läutet. Sie läutet für dich«, hat ein tieferes Verständnis als du. Er muss ein Christ gewesen sein, denn wenn in einem christlichen Dorf jemand stirbt, läutet die Totenglocke, um alle zu informieren – die Menschen, die aufs Feld gegangen sind, in die Gärten, in die Weinberge, die irgendwohin zur Arbeit gegangen sind. Die Glocke sagt ihnen, dass jemand gestorben ist. Dann können alle zurückkommen, um sich zu verabschieden.

Doch dieser Dichter zeigt großes Verständnis, wenn er sagt: »Frag nicht, für wen die Glocke läutet. Sie läutet für dich.«

Im tatsächlichen Leben läutet sie niemals für dich. Eines Tages wird sie läuten, doch dann wirst du nicht mehr da sein, um sie zu hören. Du siehst dich niemals an der Schwelle des Todes stehen – und doch stehen wir alle an dieser Schwelle. Du siehst immer nur jemand anderen sterben, daher ist die Erfahrung objektiv, nicht subjektiv.

Doch der andere stirbt nicht wirklich, er wechselt nur das Haus. Seine Lebenskraft geht in eine neue Form über, auf eine neue Ebene. Der Körper bleibt ohne Lebensenergie zurück – aber diese gehörte sowieso niemals dem Körper.

Es ist wie bei einem dunklen Haus, wenn eine Kerze brennt und das ganze Haus hell erleuchtet ist. Selbst von außen kann man das Licht durch die Fenster sehen, durch die Türen, doch das Licht gehört nicht dem Haus, es ist kein Teil von ihm. In dem Augenblick, in dem die Kerze heruntergebrannt ist, ist das Haus wieder finster. Tatsächlich war es immer finster; es war die Kerze, zu der das Licht gehörte.

Dein Körper ist bereits tot. Was dir den Eindruck verschafft, dass er lebendig ist, ist deine Lebenskraft, dein Sein, das durch den Körper strahlt, das den Körper mit Lebendigkeit erfüllt. Alles, was du siehst, wenn jemand stirbt, ist, dass etwas verschwunden ist. Du weißt nicht, wohin es gegangen ist – ob es irgendwo anders hingegangen ist oder ob es einfach aufgehört hat zu sein. Dadurch entsteht von außen die Fiktion des Todes.

Diejenigen, die sich selbst erkannt haben, wissen ohne jeden Zweifel, dass sie ewige Wesen sind. Sie sind schon viele Male gestorben, und doch sind sie immer noch lebendig.

Tod und Geburt sind nur kleine Episoden in der großen Pilgerschaft der Seele. Deine Angst vor dem Tod wird in dem Augenblick verschwinden, in dem du in Kontakt mit dir selbst kommst. Dadurch eröffnet sich ein vollkommen neuer Himmel, den du erforschen kannst. Sobald du weißt, dass es keinen Tod gibt, verschwindet alle Angst. Die Angst vor dem Unbekannten, die Angst vor der Dunkelheit ... welche Form sie auch angenommen hatte, die Angst verschwindet. Zum ersten Mal wirst du zu einem wirklichen Abenteurer. Du beginnst die verschiedenen Mysterien zu erforschen, die dich umgeben.

Zum ersten Mal wird die Existenz für dich zu deinem Zuhause.

Es gibt nichts zu fürchten: Sie ist deine Mutter; du bist ein Teil von ihr. Sie kann dich nicht auslöschen, sie kann dich nicht zerstören.

Je mehr du sie erkennst, desto mehr wirst du dich genährt fühlen; je mehr du sie erkennst, desto mehr wirst du dich gesegnet fühlen; je mehr du sie erkennst, desto mehr wirst du sein. Dann kannst du Liebe geben, weil du sie hast. Und dann kannst du Liebe empfangen, weil es keine Zurückweisung mehr zu fürchten gibt.

Deine Frage ist auch für alle anderen hilfreich. Ich danke dir für deine Frage und für deinen Mut, dich zu zeigen. Dieser Mut wird von allen gebraucht, denn ohne diesen Mut gibt es keine Hoffnung auf Transformation – auf einen Übergang in eine neue Welt, in ein neues Bewusstsein, in dein authentisches Sein, dem Tor zur letzten Wirklichkeit und zum höchsten Segen.

Was bedeutet es, wirkliche Intimität zu leben?

Um die Existenz zu kennen, musst du existenziell sein. Du bist nicht existenziell, du lebst in deinen Gedanken. Du lebst in der Vergangenheit, in der Zukunft, doch niemals hier und jetzt. Und die Existenz ist genau hier und jetzt. Du bist nicht hier, deshalb taucht diese Frage auf. Diese Frage taucht auf, weil du der Existenz nicht begegnest. Du denkst, dass du lebst, doch du lebst nicht wirklich. Du denkst, dass du liebst, doch du liebst nicht wirklich. Du denkst nur über Liebe nach, du denkst über das Leben nach, und dieses Denken ist die Frage, dieses Denken ist ein Hindernis. Lass alle Gedanken fallen und schau. Dann wirst du keine einzige Frage mehr finden; dann gibt es nur noch Antworten.

Darum erkläre ich euch immer wieder, dass die Suche in Wahrheit nicht einer Antwort gilt, dass die Suche nicht dazu da ist, damit eure Fragen beantwortet werden. Nein, die Suche dreht sich nur darum, wie man die Fragen fallen lassen kann, wie man das Leben und die Existenz mit einem Verstand betrachten kann, der keine Fragen stellt. Das ist die Bedeutung von *shraddha,* Vertrauen. Das ist die tiefste Dimension von *shraddha* oder Vertrauen – die Existenz mit einem Verstand zu betrachten, der keine Fragen stellt.

Man schaut einfach nur. Man hat keine vorgefasste Vorstellung, wie man schauen müsste, man zwingt dem Ganzen keine Form auf, man geht nicht mit Vorurteilen daran; man schaut einfach nur mit nackten Augen, vollkommen unverstellt von irgendwelchen Gedanken, irgendwelchen Philosophien, irgendwelchen Religionen. Man blickt auf die Existenz mit den Augen eines kleinen Kindes, und dann ist plötzlich nur noch die Antwort da.

Es gibt keine Fragen in der Existenz. Die Fragen kommen aus euch. Und sie werden immer weiter kommen, und ihr könnt so viele Antworten ansammeln, wie ihr wollt; diese Antworten werden euch nicht helfen. Ihr müsst zu der Antwort gelangen – und um zur Antwort zu gelangen, müsst ihr alle Fragen fallen lassen. Wenn im Verstand keine Frage mehr auftaucht, ist die Sicht klar, ist die Wahrnehmung klar; die Tore der Wahrnehmung sind weit geöffnet, und alles wird plötzlich transparent. Dann kannst du bis in die Tiefe vordringen. Wo immer du schaust, wird dein Blick bis in den tiefsten Kern vordringen – und dort findest du plötzlich dich selbst.

Du wirst dich überall finden. Wenn du tief genug schaust, wirst du dich sogar in einem Felsen finden. Dann wird der Beobachter zum Beobachteten, der Sehende wird zum Gesehenen, der Wissende wird zum Gewussten. Wenn du tief genug schaust, sei es in einen Felsen, in einen Baum, oder in einen Mann oder eine Frau, wenn du wirklich tief schaust, wird dieser Blick zum Kreis. Er geht von dir aus und geht durch den anderen hindurch und zurück zu dir. Alles ist vollkommen durchsichtig. Nichts ist im Weg. Der Strahl geht aus, wird zu einem Kreis und kommt zurück zu dir.

Daher heißt einer der geheimnisvollsten Sätze der Upanishaden: *Tat twam asi* – »Du bist das« oder »Das bist du«. Der Kreis ist vollendet. Nun ist der Anbetende eins mit

Gott. Nun ist der Suchende eins mit dem Gesuchten. Nun wird der Fragende selbst zur Antwort.

Im Leben gibt es keine Fragen. Ich habe schon lange gelebt, und mir ist noch keine einzige Frage begegnet – nicht einmal das Bruchstück einer Frage. Man lebt es einfach.

Dann besitzt das Leben seine eigene Schönheit. Kein Zweifel taucht im Verstand auf, kein Argwohn umgibt dich, keine Frage existiert in dir – du bist ungeteilt, du bist ganz.

Über den Autor

Oshos Lehren lassen sich nicht in ein enges Raster pressen, sie decken alles ab von der individuellen Sinnsuche bis hin zu den drängenden sozialen und politischen Fragen unserer Zeit. Seine Bücher wurden nicht von ihm geschrieben, sondern sind Transkriptionen der Audio- und Videoaufzeichnungen seiner Vorträge, die er im Lauf von 35 Jahren vor einem internationalen Publikum hielt.

Die Londoner *Sunday Times* zählte Osho zu den »1000 Gestaltern des 20. Jahrhunderts«, und der amerikanische Autor Tom Robbins nannte ihn »den gefährlichsten Menschen seit Jesus Christus«.

Osho hat über sich und sein Wirken gesagt, dass er dazu beitrage, die Voraussetzungen für die Geburt eines neuen Menschen zu schaffen. Er hat ihn oft als »Sorbas, der Buddha« charakterisiert – ein Mensch, der die irdischen Freuden eines Alexis Sorbas ebenso wie die heitere Stille eines Gautama Buddha genießen kann. Durch alle Aspekte von Oshos Werk zieht sich wie ein roter Faden eine Vision, die die zeitlose Weisheit des Ostens und das höchste Potenzial westlicher Wissenschaft und Technologie vereint.

Bekannt ist Osho auch für seinen revolutionären Beitrag zur Wissenschaft der inneren Transformation. Seine Auffassung von Meditation bezieht das beschleunigte Tempo unseres modernen Lebens mit ein.

Daher sind seine einzigartigen »aktiven Meditationen« so gestaltet, dass zuerst der in Körper und Geist angesammelte Stress freigesetzt wird, was es leichter macht, einen gedankenfreien und entspannten Zustand von Meditation zu erfahren.

Von Osho sind zwei autobiografische Werke erhältlich:

Autobiography of a Spiritually Incorrect Mystic. St. Martins Press, 2000 (dt.: *Autobiographie eines spirituellen Provokateurs*. Wilhelm Heyne Verlag, München 2003)

Glimpses of a Golden Childhood. The Rebel Publishing House, 1985 (dt.: *Goldene Augenblicke*. Osho Verlag, Köln 1995; jetzt über Innenwelt Verlag, Köln, zu beziehen)

Die Webseite www.osho.com bietet in mehreren Sprachen einen detaillierten Überblick über Oshos Werk und seine Meditationen.

OSHO® Meditations-Resort™

Das Osho Meditations-Resort ermöglicht die unmittelbare Erfahrung einer neuen Lebensweise, die mehr Achtsamkeit, Entspannung und Freude zum Ziel hat, ist aber auch ein wunderbarer Ort, um einfach nur Urlaub zu machen und auszuspannen. Es liegt in Pune, Indien, etwa 150 Kilometer südöstlich von Bombay. Pune, einst Zufluchtsort der Maharadschas und der reichen britischen Kolonialherren vor der Sommerhitze, ist heute eine aufstrebende moderne Großstadt, die mehrere Universitäten und diverse High-Tech-Industrien beherbergt.

Das Resort umfasst rund 15 Hektar Land im üppig grünen Wohnviertel Koregaon Park und bietet den Tausenden von Besuchern, die jedes Jahr aus über 100 Ländern nach Pune kommen, ein umfangreiches und vielseitiges Programm, größtenteils in modernen, klimatisierten Räumlichkeiten. Unterkunftsmöglichkeiten gibt es in zahlreichen nahe gelegenen Hotels und Privatwohnungen sowie in einem neu erstellten luxuriösen Gästehaus im Resort selbst.

Alle Angebote basieren auf Oshos Vision des neuen Menschen, der kreativ und erfolgreich seinen Alltag meistert, sich aber ebenso in Stille und Meditation zu versenken vermag. Neben dem täglichen Meditationsprogramm werden das ganze Jahr über Einzelsitzungen, Gruppenworkshops und Kurse angeboten. Die Themenbereiche reichen von Kunst und Kreativität über ganzheitliche Gesundheit, Beziehungsfragen und esoterisches Wissen bis hin zu persönlicher Transformation und Therapie. Das »Club Med«-Programm – »Med« für Meditation – bietet die Möglichkeit, auf einem liebevoll gestalteten Gelände auf »Zen«-Weise mit verschiedenen Sportarten zu experimentieren und Erholung zu finden.

Im Resort werden in Cafés und Restaurants im Freien sowohl Gerichte der traditionellen indischen Küche als auch eine Vielfalt internationaler Gerichte mit biologisch angebautem Gemüse von der eigenen Farm serviert. Das Resort verfügt zudem über eine eigene Filtrieranlage für sicheres, sauberes Trinkwasser.

Informationen über Anreise und Programme bei:
www.osho.com/resort

www.osho.com
Diese umfassende Website bietet in verschiedenen Sprachen eine Onlineführung durch das Meditation Resort in Pune, eine Übersicht über die dort angebotenen Kurse und Seminare, Informationen über Bücher und CDs, die Adressen von Osho-Informationszentren weltweit, sowie Auszüge aus Oshos Vorträgen.

Osho International
New York
E-Mail: oshointernational@oshointernational.com
Webseite: www.osho.com/oshointernational

Don Miguel Ruiz

Die drei Fragen des Lebens

… und Antworten, die
dir neue Wege eröffnen

Esoterik.
Aus dem Amerikarischen von
Jochen Winter.
Klappenbroschur.
Auch als E-Book erhältlich.
www.ullstein-buchverlage.de

Das neue Buch des Bestsellerautors von »Die Vier Versprechen«

Eine kraftvolle Verbindung von Tradition und Moderne: In seinem neuen Buch stellt Bestsellerautor Don Miguel Ruiz die drei grundlegenden Fragen des Lebens. Mit ihrer Beantwortung öffnen sich den Lesern neue Wege hin zu einer tiefgreifenden persönlichen Veränderung. Die jahrtausendealte toltekische Überlieferung, sich selbst im Leben zu hinterfragen, legt verborgene Kräfte in uns frei und führt uns zu neuer innerer Stärke und einem größeren Selbstbewusstsein.

Allegria

Michael A. Singer

Das Experiment Hingabe

Mein Weg in die Vollkommenheit

Esoterik.
Taschenbuch.
Auch als E-Book erhältlich.
www.ullstein-buchverlage.de

Vom Bestsellerautor von »Die Seele will frei sein«

Michael A. Singer will zu sich selbst finden. Also gibt er eine vielversprechende Wirtschaftskarriere auf, reist durch die Wildnis Mexikos, lebt als Einsiedler im Wald und übt sich in Askese wie ein Yogi – doch die ersehnte spirituelle Erleuchtung bleibt aus. Erst als er sich wieder den Menschen öffnet und lernt, sich dem Leben hinzugeben, empfindet er es als vollkommen. Singer beginnt, an einem College zu lehren, gründet eine Firma – und ist heute CEO eines milliardenschweren IT-Unternehmens.

Allegria